엄마놀이

온 가족이 함께 읽는 수필집

엄마놀이

인쇄| 2013년 6월 20일
발행| 2013년 6월 25일

글쓴이| 김외남
펴낸이| 장호병
펴낸곳| 북랜드
135-936 서울 강남구 역삼동 832-7 황화빌딩 1108호
대표전화 (02) 732-4574 | (053) 252-9114
팩시밀리 (02) 734-4574 | (053) 252-9334

등 록 일| 1999년 11월 11일
등록번호| 제13-615호
홈페이지| www.bookland.co.kr
이-메 일| bookland@hanmail.net

편집주간| 곽홍렬
책임편집| 김인옥
영 업| 최성진

ISBN 978-89-7787-582-1 03810

값 10,000 원

온 가족이 함께 읽는 수필집

엄마놀이

글 • 김외남

북랜드

책을 내면서

아이들을 소재로 한 글을 따로 모아 보았습니다. 잡동사니 글들이지만 세상 밖으로 나왔습니다.

손자들 키우면서 스케치해 둔 것들입니다. 그저 독자에게 부담 없는 웃음이나 드릴 수 있다면 족합니다.

날만 새면 험한 사건들로 마음이 어둡습니다. 아이들의 이야기이지만 어른도 잠시나마 경직된 마음을 치유healing할 수 있으면 합니다.

애들만큼 잘 크는 것도 세상에 없습니다.

배밀이하고 겨우 발자국 떼던 녀석들이 몇 년 사이 말같이 뛰어다닙니다. 눈이 부십니다. 초등학생인데도 제 컴퓨터를 고쳐주고 스마트폰도 가르쳐주는 저의 선생입니다. 이 애들이 다 자라난 세상은 어떠할지 상상하기가 쉽지 않습니다. 튼실하게 자라서 이 사회에 꼭 필요한 사람으로 제 몫을 다할 것을 믿습니다.

먼 먼 훗날 다 자란 저들이 이 할머니 마음을 알아주었으면 하는 기대 또한 책을 펴내는 동기입니다.

2013년 6월에 **김외남** (도라지)

목차

엄마놀이

창문을 활짝 열어젖히니 마당의 나무들이 초록빛입니다. 할머니랑 컴퓨터에서 야후 꾸러기를 합니다.

올해 다섯 살이에요. 위로 유치원 다니는 일곱 살 되는 언니가 있고 아래로는 세 살 나는 남동생이 있어 중간에 끼어 있습니다. 대부분의 일들이 다 '언니니까' 우선순위이고 먼저 해야 하고, 또 동생은 '아기니까, 아직 어리니까' 하면서 두둔을 해주기 때문입니다. 이래저래 가운데로 태어난 내가 손해를 많이 봅니다.

더군다나 엄마 젖 먹은 기간도 언니나 남동생보다 영 짧았습니다. 왜냐하면 내가 태어나서 젖을 먹은 지 여섯 달도 안 되어 젖이라고 할 것도 없는 뽀얀 물만 나왔으니까요. 동생이 엄마 뱃속에서 영양분 있는 것을 먼저 다 먹어치우고 나머지는 뿌연 물만 나왔으니까요. 젖을 빨아 먹어도 늘 배가 고팠습니다. 어느 날 할머니가 아직 갓난아기인 저를 보고 "얘가 왜 이래, 살이 포동포동 찔 때인데 자꾸 빼빼 마르잖아, 동생 가졌냐?" 엄마는 펄쩍 뛰었어요.

"무슨 말씀 하세요. 여섯 달도 채 안 되고 아직 생리도 한 번도 없었는데요."

"아니다, 그래도 수상해 병원에 한번 가 봐라."

등 떠밀려 산부인과에 다녀온 엄마는,

"이를 어째. 생리도 없었는데 임신 10주라니 말도 안 돼."

하며 안절부절못하였지요. 결국 나는 그때부터 영영 엄마 젖과는 빠이빠이 했어요. 입에 맞지도 않은 이유식이란 걸 만들어 주어서 안 먹겠다고 앙앙 떼 많이 썼지요. 밀리기 시작한 거예요. 이유식 잘 안 먹는다고 혼나야 했고 나오지 않는 엄마 젖만 보면 심통이 났어요.

유치원에 간 언니가 돌아오려면 아직 두 시간도 더 남았습니다.

엄마는 외할아버지가 입원해 계시는 병원에 가느라 나와 동생은 할머니랑 놀아야 합니다. 동생은 "엄마! 엄마!" 하며 고래고래 소리 지르다가 소파에서 잠이 들었습니다. 할머니께서 동생은 자리에 눕히고, 컴퓨터도 끄셨습니다. 그리고 저와 둘이서 놉니다.

"할머니! 우리 엄마놀이 해요."

"그래 그러자. 누가 엄마 할까."

"제가 엄마 하고 할머니는 아기 하세요."

"오냐, 지금부터 할머니가 아기다."

"응애응애 엄마 젖 줘."

어린 손녀의 가슴팍을 헤집습니다.

"그래 아기야, 엄마가 젖 줄게. 조금만 기다려. 우리 아기 착하지."

할머니를 자리에 눕히고 인경이가 할머니 목을 껴안고 윗도리를 치켜 올리고는 조그만 젖꼭지 물리는 시늉을 합니다. '아기야, 엄마 젖 먹고 잘 자야 한다.' 멍멍개도 짖지 마라며 조그만 손으로 토닥거려 줍니다.

"냠냠냠 짭짭짭"

아기가 된 할머니는 젖 먹는 소리를 냅니다. 가끔 응애응애 소리도 내어 봅니다. 인경이는 엄마가 되어 커다란 할머니 머리를 감싸 안고 먼저 잠이 듭니다. 간밤에 어지러운 꿈 때문에 잠을 설친 할머니도 인경이 품에 안겨 진짜로 아기가 되어 스르르 잠이 듭니다.

외할아버지가 입원한 병원에 갔다가 부리나케 돌아온 엄마는 민석이와 인경이, 할머니가 서로 껴안고 자는 모습에 안도의 숨을 쉬면서 다 돌아간 세탁기의 빨래를 꺼내어 널기 시작합니다.

"오늘 날씨 빨래 한번 잘 마르겠다."

외할아버지도 몸이 좋아져서 내일 퇴원한다고 그러시고 엄마도 기분이 무척 좋습니다. 마당의 나뭇잎들은 반짝거리며 엄마의 기분을 한층 돋우어 줍니다. 파란 하늘 가운데로 헬리콥터 한 대가 요란을 떨며 빨래를 너는 엄마 머리 위로 휙 날아갑니다.

가위, 바위, 보

녀석들이 가위 바위보 놀이를 한다.

중간에 이긴 사람은 역할이 없고. 제일 이긴 사람은 진 사람의 이마를 손가락으로 튕기기다. 처음엔 히히 호호 소리가 경쾌하더니 차차 억지웃음이 된다. 가위, 바위, 보 소리도 점점 강도가 높아가고 고성으로 바뀐다.

막내 녀석은 겨우 가위와 바위와 보를 손가락 모양으로 인식만 할 정도다. 그래도 두 누나들 틈에 끼어 노는 게 어디냐 싶다. 그저 어쩌다가 소발에 쥐새끼 치이듯이 가물에 콩 나듯이 한 번 이긴다. 그걸 노리고 기압을 세게 넣어가며 가위, 바위, 보 소리를 질러 댄다. 크게 질러 제압해 보지만 번번이 허사다. 사정을 좀 주는 큰누나는 살짝 살짝 튕겨 주지만 숙적인 작은누나는 그렇지 않다. 세게 튕긴다. 아프기도 하고 무안하여 아앙 울음을 터뜨리기 직전이다. 벌게진 이마를 손으로 문지른다. 녀석이 남자 체면에 울지는 못하고 애가 달아서 더 세게 소리를 낸다.

가위, 바위, 보, 보, 보! 세 번이나 연달아서 질러대더니 한 번 이겼다.

"박수, 박수 드디어 이겼다. 우 우 우"

곁에서 보던 할머니가 몇 번이나 연속으로 지는 석이의 구겨진 자존심을 세워주느라 응원을 해준다. 앙갚음을 하겠노라 긴장해 있다. 작은누나 이마 앞에 대고 검지와 엄지를 동그랗게 말고 견준다.

“새끼야, 빨리 안 하고 뭘 꾸물거려.”

엉겁결에 검지를 뻗는다.

‘픽’ 빗나갔다.

“하하하하”

저만치 뒤로 물러 내빼며 둘째는 박장대소를 한다.

이 녀석은 꼭 순서대로 가위 먼저 내고, 다음은 바위, 다음은 보를 차례로 내기 때문에 누나 둘은 번번이 이긴다. 처음엔 할머니가 누누이 설명을 해도 알아듣지 못하더니 이제는 터득을 하여 가위 바위 보 놀이에 꼴찌는 하지 않는다. 열대야에 뒤척이다 늦게 잠들었는데 왁자한 소리에 깼다. 눈 뜨자마자 마당가 한쪽 철봉대에 매어둔 그네를 타기 위해 조르르 세 명 다 내려와서 순번을 정하느라 소리소리 질러댄다.

가위, 바위, 보, 보, 보!

3 뚱뚱한 갈치고기 좀

큰맘 먹고 제법 큰 갈치를 사왔다. 노릇노릇 군침이 돈다. 녀석들이 아싸! 조르르 둘러앉는다.

“밥 떠 봐, 고기 떼어 줄게.”

“저요!”

“저요!”

연년생 두 손녀가 서로 먼저 달라고 밥 뜬 작은 숟가락을 코앞에 바짝 들이댄다.

“밥을 잘 먹어야지 살이 찌고, 기운도 세고, 달리기

도 일등을 하고, 춤도 예쁘게 제일 잘 출 수 있다. 또 노래도 힘 있게 큰소리로 잘할 수 있다. 맞지."

"예!"

둘이서 합창으로 대답을 한다.

"할머니, 가시 있다. 뻐 캑캑, 캬캬, 으앙으앙 앙앙……."

"캑캑 해 봐. 밥을 많이 떠 먹고 이 김치를 꿀떡 삼켜 봐."

등을 치고 입 안으로 손가락을 구부려 가시를 뽑아내어 가까스로 위기는 모면했다. 눈물이 그렁그렁하다.

"할머니!"

"왜, 또?"

"이만큼 큰 갈치는 없어요?"

두 팔을 쫙 벌린다.

"오냐 알았다, 할머니 미안. 뼈를 잘못 발랐나 봐.

큰일 날 뻔했다. 그지?"

제일 크고 통통한 도막의 갈치를 담아 놓고는 애들 발라 먹이는 중이다. 또 잘못 발라 가시에 걸려 캑캑 하면 안 되니까.

"할머니, 오늘 갈치는 뚱뚱해서 참 맛있어요."

어린이집에 다니며 말을 자유자재로 구사할 줄 아는 손녀가 애교 담긴 소리로 빤히 눈웃음치며 한마디 한다.

"그래, 말 잘 듣고 어린이집 잘 다니면 더 뚱뚱한 갈치 사 올 거야. 알았지?"

"네."

지금은 제 어미젖을 먹고 있지만, 막내 손자 놈이 크는 내년쯤에는 부리를 쫑긋거리며 셋이서 "저요! 저요!" 하며 작은 숟가락을 내밀 것이다. 할머니 입에 들어갈 고기는 없겠지만 그게 대수냐.

아무리 평수 넓은 아파트도 같은 공간에 살면 삶의

방식이 달라 불편하고 어렵고 힘 든다. 주택은 위, 아래층이니 이런 점은 걱정이 없다. 편함에 빠져서 비싼 아파트만 선호하지만 한 울안에 살기는 주택이 좋다. 가을에 심은 온상상추는 이른 봄의 소채요, 무시로 날아드는 새들의 지저귐, 앵두와 살구, 자두가 열리고, 넝쿨에는 키위도 포도도 열린다. 무화과는 서리가 올 때까지 무진장 열린다.

애들 자라는 모습은 눈이 부신다. 배밀이 하는가 싶더니 어느새 슬슬 기어 다니고, 붙잡고 일어서더니 걸음마하고, 첫돌 닥치면 제 세상 만난 듯 마구잡이로 돌아다닌다. 참으로 신통방통하다. 한집에 살아도 일찍 출근하고 늦게 퇴근하는 아들이라 얼굴 보기도 힘들다. 부모들 눈에는 자식들의 눈도장이 찍혀야 흐뭇하다. 애들이 많으면 부자라고들 부러워한다. 매일 어린 손자 놈 유모차 태우고 고만고만한 두 손녀 양옆에 거느리고 가로수 그늘 따라 인도를 누빈다. 계단 언저리나 빤한 장소만 있으면 거기가 바로 무대가 되고 공연장이 된다. 개울가의 올챙이가 되어 뒷다리 먼저 나오고 앞다리 나와 팔짝팔짝 뛰는 개구리가 되다가 어느새 귀가 쫑긋한 산토끼가 되다가 양팔 벌린 나비가 된다.

"누가 먼저 춤추고 노래할래? 시작!"

헤이 헤이 추임새만 넣으면 개울가의 올챙이, 산토끼, 신나면 영어동요도 나온다. 어린이집에서 오늘 배웠다는 노래를 큰 소리 내느라 숨이 차다.

♪사과 씨는 작지만 큰 사과가 되듯이
나는 지금 작지만 큰사람이 될 거예요
엄마 말하기 전에 아빠 시키기 전에
내 할 일은 내 손으로 혼자 할 수 있어요.♪

아이 노래 소리가 인도의 나무 그늘 밑에서 메아리쳐 찻길로 퍼져 나간다. 정차해 있던 기사들이 얼굴을 내밀고 미소를 보내온다.

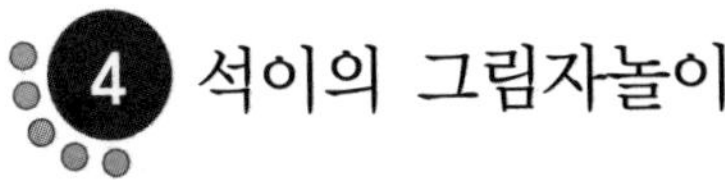

4 석이의 그림자놀이

매미가 우는 나무 밑으로 시원한 바람이 불어오는 늦여름입니다.

엄마들은 아직 방학 중인 학교의 그늘을 찾아 등나무 밑에 모여서 이야기꽃을 피우고 있지만 석이는 지루합니다. 그래서 운동장 저쪽에서 축구를 하고 있는 형들에게 자꾸만 관심이 갑니다.

심심하여 엄마 치맛자락을 잡아끌어 보지만 엄마는 “안 돼, 더워서 안 돼.” 소리만 합니다.

석이는 하는 수 없이 가지고 간 고무공을 가슴에 끌어안고 햇살이 눈부신 운동장으로 나아갑니다.

짤막한 그림자가 석이를 따라 움직입니다.

그네를 타고 놀던 누나들은 모래바닥에 앉아서 물을 부어 모래떡을 만듭니다. 케익을 만들어 빨대 대롱을 꽂아 놓고 생일파티도 하는 모양입니다.

석이는 누나들 있는 곳까지 한번 뛰어가 볼 요량으로 공도 집어던집니다. 달리기 선수 폼을 잡고 엄마를 슬쩍 돌아봅니다. 석이에게서 눈을 떼지 않던 엄마가 석이의 의중을 알아차리고는 "준비, 땅!" 하며 큰소리로 신호를 보냅니다.

발로 공을 힘껏 차보지만 옆으로 핑그르 돌기만 합니다. 한쪽 팔만 살랑살랑 흔들며 뛰기 시작합니다. 중심을 잃고 퍽 넘어집니다. 그래도 얼른 일어나 손바닥을 탈탈 터는 시늉을 하고는 다시 공을 안고 달립니다. 달리다가는 서서 그림자를 내려다보다가 또 달리다가 그림자를 내려다봅니다.

보송보송 머리카락 사이로 땀방울이 밀려서 이마로 흘러내립니다.

두 누나 사이를 비집고 들어가 양쪽 소매를 걷는 시늉을 하며 끼여 앉습니다. 누나가 병뚜껑을 이용하여 지금 막 만든 동그란 모래떡 한 개를 손바닥 위에 탁 부어서 얹어 석이에게 내어 밉니다.

잡 잡 잡, 입을 내밀어 먹는 시늉을 하다가 그만 모래 떡이 입으로 좀 들어갑니다.

퉤, 퉤, 퉤! 윗입술과 윗니로 몇 번이고 뱉어 냅니다. 페, 페, 페! 마지막 모래를 다 뱉었는지 표정이 조금 편안해집니다.

잠시도 가만히 있지를 못하는 석이가 슬그머니 돌아서더니 저만치 있는 엄마를 보고 꽥 소리를 지릅니다. 한쪽 손은 이마에 또 한손은 엉덩이에 붙인 것은 달리기를 하겠다는 자세입니다. 먼 데서도 석이와 용

케도 눈이 맞은 엄마가 다시 큰소리로 '시~작' 소리를 하자 운동장을 가로질러 뛰기 시작합니다.

이번에는 두 팔을 잘랑잘랑 흔들며 뛰어옵니다. 그러다가 그림자를 유심히 들여다보느라 주춤 그 자리에 멈춰 섭니다. 그림자도 그 자리에 멈춥니다. 검은 그림자가 자꾸 따라붙는 걸 알아차리고 고개를 숙여 그림자를 가만히 내려다봅니다.

이번에는 하늘을 쳐다보며 걷다가 재주를 하느라 뒷걸음질도 쳐 봅니다. 제자리에서 뱅글뱅글 맴을 돌기도 합니다. 그림자도 석이를 따라 뱅글뱅글 맴을 돕니다. 이리저리 졸졸 따라다니는 것이 신기합니다.

이번에는 게처럼 옆걸음질을 합니다. 그래도 따라붙는 그림자를 한쪽 발로 쓱쓱 문질러도 봅니다. 갑자기 목이 탑니다. 물이 먹고 싶어집니다.

"무 우 울, 무 우 울."

급한 마음에 엄마께로 넘어질 듯 갈팡질팡 중심도

안 잡힌 상태로 달려갑니다. 옆 새댁들과 눈 맞추며 이야기를 하던 엄마가 얼른 뛰어나와 안으며 물병을 석이에게 물립니다. 빨대 꽂힌 물병에서 쭉쭉 길게 물을 빨아 마십니다. 그러고는 그림자가 생각이 나서 사방을 두리번두리번 살핍니다.

"어! 어! 어."

늘 따라붙던 그것이 어디로 갔을까? 이상도 하다. 이상도 하다. 금방까지도 석이를 졸졸 따라다녔는데…….

그림자는 간 곳이 없습니다. 갑자기 졸음이 옵니다. 엄마의 넓은 등 뒤로 가서 땀이 난 이마를 비벼대다가 엄마 등에 엎디어 그대로 잠이 듭니다. 엄마는 깍지를 끼고 앉은 채 석이를 업어줍니다.

등나무 잎사귀가 흔들리더니 살랑, 바람이 석이의 자는 볼을 쓰다듬고 지나갑니다.

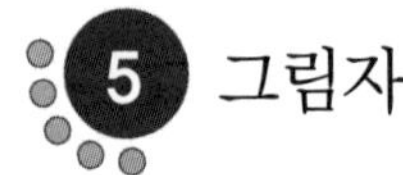

5 그림자

가을 해는 짧다.

서너시만 돼도 해가 설핏하다.

연년생 셋이 오물오물 제 어미 곁에서 종일을 치댔으니 좀 지쳤겠나. 밖에서 일 보고 들어와서 쉬고 싶지만 오랫동안 같이 놀아주지를 못해서 할머니 값을 하려고 "애들아, 할머니하고 초등학교 놀러 갈 사람 손들어 봐라."

"저요. 저요. 저요." 올망졸망 일제히 오른손을 번

쩍 들고 혹여 뒤질세라 우르르 내게로 몰려든다. 그러면서 제각기 입고 갈 소매가 긴 옷들을 챙기느라 분주하다.

조가비 같은 운동화들을 신기고 나선다. 횡단보도를 건너는 행렬이 소란하다. 손을 드는 놈, 마구 내빼는 놈, 내 손을 꼭 잡고 끌려오는 놈. 용감하게 행군이 시작된다. 인도가 내 길인 양 의기양양하다. 서쪽에 걸린 해를 보며 길고 짧은 그림자 넷이 뚜렷이 움직인다. 노래 제목만 말하고 내가 선창을 하면 거침없이 따라 부른다. 곰 세 마리가 한집에 있고, 그 다음은 내 동생은 곱슬머리다. 할머니, 아기염소 해요. 그래 알았다. 아기염소 시작.

♪파란 하늘 파란 꿈이 피어난 푸른 언덕에
아기 염소 여럿이 풀을 뜯고 있어요.
신나는 아기 염소들♪

네 박자인 동요는 그대로 행진곡이 되어 싫증도 내지 않고 잘도 걷는다. 거기다 하나 둘 하나 둘 구령까지 붙이면 더 잘 걷는다. 드디어 교문과 운동장이 훤하게 보이면 내 손을 떨치고 운동장을 향해 마구잡이로 뛴다. 사오 개월 사이에 엄청 실해진 아이들이 큰물 속에 고기들이 놀 듯 푸드득댄다. 미끄럼을 타다가, 한 놈만 그네가 매여 있는 쪽으로 가면 금방 우르르 따라가서 하나씩 그네를 잡는다. 아차, 한발 늦게 가면 그네를 차지하지 못 할 수도 있으니까. 철봉에 매달리다가, 시소를 탄다. 내가 따라다니기가 바쁘다. 미끄럼틀도 거꾸로 갈팡질팡 잘도 올라간다. 나도 미끄럼틀을 거꾸로 올라갈 줄 알아야 애들 눈에 그럴 듯해 보이는 할머니일 거라는 생각에 억지로 오른다. 땅거미가 스멀거리며 신발 닿는 땅바닥부터 위로 밝음을 삼키면 아이들은 하나 둘 자리를 뜨고 놀이터엔 몇 남지 않는다. 집에 갈 일이 걱정이다. 가자고 해도 막무가내다. 오래 나오지 않아서 그런지 온 김에 뿌리를 뽑고 갈 기세다.

도로엔 퇴근하는 차들로 붐빈다. 교정엔 외등이 켜지고 억지로 손을 씻긴다. 집으로 오는 자동차 불빛에 지친 꼬맹이들의 그림자가 어지럽게 흔들린다.

"할머니 잠 와, 어부바 해줘."

중간 손녀가 잔꾀를 부린다. 그만큼 쏘댔으니 피곤도 할 거야.

"안 돼, 아기인 동생도 잘 걸어가는데 너는 누나잖아, 부지런히 걸어, 할머니 허리 아파. 집에 가면 엄마가 맛있는 거 많이 해 놓았을 거야. 가서 샤워하고 밥 먹고 자야지."

문제가 생겼다. 두살배기 작은놈이 비틀거리며 졸면서 걷는 게 아닌가. 준비해 간 포대기를 펼쳐 등에

업는다. 업으니 잠이 달아나는가 보다. 네온불이 반짝거리고 불 켜진 가로등이며 풍경들이 신기한지 업힌 채 연신 손가락질하고 뭐라고 소리를 질러댄다.

마중 나온 며느리가 저쯤서 반색을 하며 뛰어온다. 애들도 제 어미를 보자 할머니는 저리 가라는 듯 달아난다. 퇴근해 오는 애들 할아버지도 집 앞에서 주차하고 있다.

"어머니, 아버님이랑 이층에서 저녁식사 드시고 가세요. 밥 많이 해놨어요."

발자국마다 따라다니는 실물의 가시적 그림자가 있는가 하면 내면의 그림자도 같이 따라다닌다. 할머니의 눈에는 귀여운 손자들의 모습이 맘 속 좋은 그림자요, 손자들의 맘속에는 할머니가 항상 든든한 그림자다. 마땅히 해야 할 직무를 못했을 때 따라다니는 자책의 그림자도 있다. 남편 혹은 아내를 여읜 사람들의 가슴마다 안겨있는 생전의 그림자는 얼마나

애틋할까. 막 시집보내고 난 딸의 방에 어른대는 딸의 그림자는 눈물을 자아 낼 것이고, 못된 시어머니의 가시 돋친 말 한마디가 앙금으로 남아 양 어깨를 눌러대는 것도 새댁의 침침한 마음속 그림자다. 사람은 육체의 그림자와 내면의 그림자를 함께 달고 사는 게 아닐까. 그림자가 없다면 아마 그것은 영원한 휴면일 것이다. 그림자가 없는 세상, 그것은 이미 이 세상이 아니다.

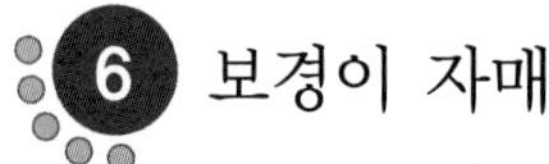

6 보경이 자매

나는 올해 일곱 살 납니다.

어린이집을 마치고 유치원에 들어갔습니다.

올해 들어 키도 쑥 커졌습니다. 점심시간에 선생님의 눈치만 슬슬 보며 안 먹던 반찬도 먹어보고 우엉이나 나물, 김치도 먹으니 좀 맵지만 참 맛이 납니다. 작년까지만 해도 콩나물을 먹으면 기다란 것이 목에 걸쳐져 도로 올라오는 것 같아서 캑캑거리기도 더러 했지만 이젠 잘 먹습니다. 그래서 키가 이렇게 쑥쑥 커지는가 봅니다.

그런데 내 동생 인경이가 문제입니다. 이제 다섯 살인데 엄마가 어린이집에 따로 보낼 수가 없어서 나랑 같이 가까운 유치원 새싹반에 들어가게 되었습니다. 왜냐하면 다섯 살인데도 내가 다섯 살일 때보다 키도 작고 얼굴도 조그마해요. 엄마가 늘 밥을 잘 안 먹어서 걱정이래요. 아기 때 젖을 많이 못 먹어서 그렇대요. 막내인 남동생이 작은누나 첫돌 안에 태어나서 그렇대요. 막내가 더 뚱뚱하고 키는 아직 작지만 몸무게는 더 많이 나간대요.

처음 며칠까지는 종아리까지 내려오는 노란유치원 가방을 메고 잘 다녔습니다. 손잡고 둘이서 걸어가노라면 아줌마들이 땅콩이 유치원 간다고 하며 웃으시는 것도 보았습니다. 며칠은 밥 먹기가 바쁘게 세 살 난 동생은 내가 메던 어린이집 빈 가방을 메고 식구 모두가 유치원 까지 갑니다. 그리 넓지 않은 유치원

가는 길에 네 사람이 손잡고 가면 길이 가득합니다. 동네 할머니들이 참 보기 좋다고들 말씀을 하시면서 저만치까지도 서서 우리들을 바라보곤 했습니다. 차들도 빵빵 소리도 안 내고 천천히 우리 뒤를 따라와 주었습니다.

3월 꽃샘추위가 왔습니다. 비 오고 바람도 불어댑니다. 어저께는 눈도 내렸어요. 며칠 잘 다니던 유치원을 무슨 바람인지 가기가 싫대요.

"엄마, 오늘은 유치원 안 가면 안 될까요?"

엄마를 빤히 바라봅니다.

"안 돼, 가야지. 친구들도 많고 선생님도 인경이 예쁘다고 그러잖아. 왜 재미없어?"

그렇게 시작한 투정이

"나 유치원 가기 싫어. 엄마하고 집에 있고 싶어."

또 어떤 때는

"동생하고 집에서 퍼즐 하고 놀 거야."

하며 떼를 씁니다. 그럴 때마다 엄마는 세살짜리 막냇동생은 걸리고 작은누나는 업고 유치원까지 와서 선생님께 사정을 이야기하며 의논을 하십니다. 엄마는 아직 안 보내고 싶지만 할아버지가 입원해 계시는 병원에 매일 가봐야 하기 때문에 어쩔 수 없이 동생을 나랑 유치원에 보낸 것입니다.

우리 반 교실은 이층이고 동생 교실은 일층입니다. 며칠 전 느닷없이 "언니야, 언니야." 우는 소리가 났습니다. 뒤를 돌아보니 문밖에 일층 새싹반 선생님이 동생을 데리고 "보경 언니 저기 있지." 하며 나를 가리킵니다. "네." 하고는 울음을 삼키고 눈물을 닦고 고개를 끄덕이며 내려가는 걸 보았습니다. 오늘도 내 귀에는 떼를 쓰며 우는 동생 소리가 들리는 것 같아 마음이 자꾸만 편하지 않습니다. 걱정이 되어 문밖을 힐끔힐끔 보기도 하고 선생님 말씀도 잘 들어오지 않습니다. '엄마 보고 싶어, 집에 가고 싶어.' '언니야,

언니야!' 우는 소리가 들리는 것 같아 걱정되어 선생님 말씀에 열중할 수가 없습니다.

그렇지만 오늘 한 번도 안 울고 친구들과 장난도 치고 노래도 큰소리로 따라 부르고 재미있게 율동도 했습니다. 점심 때 콩나물도 한 가닥 처음으로 먹어 보았습니다. 콩나물 먹었다는 얘기를 하면 엄마가 예뻐할 것입니다. 콩나물을 많이 먹으면 키가 쑥쑥 커진다고 하던데 정말인지 선생님께 물어볼 작정입니다. 점점 유치원이 재미있어집니다. 집으로 돌아오는 길입니다. 언니가 은근히 묻습니다.

"응 한 번도 안 울었어. 진짜로 안 울었다니까. 언니야 오늘 콩나물도 한 가닥 먹었어."

콩나물 한 줄기 먹은 게 대단한 사건입니다.

"그리고 나, 노래도 잘할 수 있어."

"어디 한번 해 봐."

♪형제봉 머리 위에 무지개 떴다. 오순도순……♪

유치원이 파하고 돌아오는 길, 자매가 나란히 노래를 하며 맞잡은 손이 '앞으로 나란히' 할 때만큼 올라갔다 내려갔다 합니다. 중천에는 고운 햇살이 미소짓고 담 위로 곱게 핀 옥매화가 방글거리며 자매를 굽어보고 있습니다.

참으로 이상합니다. 수업중이라서 나와 볼 수도 없었고 분명히 인경이 울음소리를 들은 것 같은데. 머리를 갸웃갸웃 해 봅니다. 그것은 아마도 환청이었나 봅니다.

횡단보도 저쪽에 엄마랑 막냇동생이 나란히 서서 기다립니다.

"누야, 누야." 하며 반가워서 풀쩍풀쩍 뛰며 막무가내로 손을 뿌리치며 나오려고 하는 동생을 엄마가 서둘러 붙잡습니다. 인경이 가방은 석이가 메고, 엄마는 두 동생 손잡고, 나는 뒤에 따라만 가도 참 기분이 좋습니다.

7 주사, 그거 별것 아냐

"어머님 오늘 저 좀 도와주세요. 예방주사 맞히는 날은 난리입니다."

엄마가 할머니께 청합니다. 벌써 둘째는 마음속에 걱정이 태산입니다.

엄마하고 할머니하고 차를 타고 새 옷을 갈아입고 늘 다니는 소아과 병원엘 갑니다. 뽕뽕 하고 나서는 맛은 그럴 수 없이 좋은데 주사를 맞을 생각을 하니 영 기분이 찜찜합니다.

엄마는 셋을 키우려니 예방접종비도 목돈이 든다고 푸념을 합니다.

"나는 주사 안 맞아, 나는 주사 안 맞을 거야."

떼를 쓰면 안 맞을 수도 있다는 얄팍한 생각에 차에 오르면서부터 엉엉 거립니다.

"그래, 인경이는 주사 맞히지 마. 말도 잘 듣고 안 아프니까."

하며 할머니가 편을 들고 안심시킵니다.

예쁘게 치장한 병원은 그저께 맛있는 것 먹으러 간 식당같이 아늑한 분위기입니다. 꽤 넓은 연합 의원은 밤 10시까지 진료를 합니다. 간호사들이며 의사 선생님들도 매우 친절할 뿐 아니라 놀이기구들도 많아 놀이동산에 온 느낌입니다. 의사 선생님도 나 같은 아기환자와 엄마나 할머니에게도 활짝 웃으며 정겹게 인사를 합니다.

"송인경! 송인경 환자 진료실로 들어오세요."

앞서 언니와 동생이 울면서 진료실에서 나왔지만 할머니가 나는 주사 안 맞힐 거라고 약속을 했기에 마음 푹 놓고 주사의 공포에서 벗어나 놀이에 열중하고 있는데 간호사의 카랑카랑한 목소리가 들립니다. 할머니 치맛자락 뒤에 숨어서 "아앙" 울음이 터져 나옵니다. 이제는 물러설 자리도 없습니다. 엄마가 답삭 안고 진료의자에 앉힙니다. 온 병원이 떠나갈 듯이 소리소리 지르며 네 활개를 허공에 대고 흔들어댑니다. 주사대롱과 끝에 달린 뾰족한 바늘만 봐도 소름이 끼칩니다.

그렇게 소리 소리치며 울고불고 콧물눈물 범벅이 되어 있는데 "다 되었습니다."라는 의사 선생님 말씀이 귓전에 들립니다.

'아니 이게 무슨 말인고. 아픈 것도 못 느꼈는데 주사를 다 맞고 끝났다니. 이렇게 안 아플 수도 있단 말인가? 예방주사 맞는 게 끝났다는 말이지.'

계면쩍어서 어떤 표정을 해야 할지 감이 잡히지 않습니다.

뱅그래 웃으며 보조개를 지운 볼이 의기양양하게 할머니께 달려갔습니다. 장난감 자동차를 밟는 다리가 힘이 나서 절로 돌아갑니다.

'주사, 그것 별것 아니네. 이런 기분은 정말 처음이야.'

안도의 숨을 돌리며 계산대 옆에 놓인 사탕도 할머니께 챙겨 드립니다.

"할머니, 나 인제부터 주사 잘 맞을 거야. 하나도 안 아파요. 괜히 울었나 봐요."

8 일상 속의 예절

예(禮)는 우주의 질서인 동시에 인간의 욕망을 규제하는 관습이다. 인간과 인간 사이의 삶의 방식이며 규범이고 사회 질서다. 가족 간에도 사랑의 바탕 위에서 순리대로 겸손을 지키고 양보하고 서로 배려하면 그게 바로 예라고 생각한다.

7살, 5살, 3살배기 손자와 집을 본다.

며느리는 오래간만에 학교 친구들과의 모임에 매양 빠질 수가 없어서 큰맘 먹고 외출을 시도한 것이다. 시집온 이후로 늘 뒤 꼭지에다 리본으로 질끈 매고 다녔는데, 어제 오후 애들 맡기고 거금을 투자해서 싹둑 잘라버리고 퍼머를 굽실굽실하게 보기 좋게 하고 왔다. 좀 긴 얼굴이었는데 갸름하게 얼굴이 확 달라졌다.

과일이랑 아이스크림이랑 냉장고에 가득 넣어 놓고 갔기에 돈들 일도 없고 신나게 놀기만 하면 된다. 애들만 즐거울 게 아니라 내가 그 시간에 즐겁게 보내야겠기에 머리를 굴린다. 밖에 나가면 좋아하지만 어떤 놀이를 할까가 문제이고, 꾀를 내어서 걷지 않으려 하고 업어 달라면 큰 문제다. 일전에 허리가 안 좋아서 병원을 갔는데 무거운 건 절대로 들지 말고 애도 업지 말라고 당부했다. 무리한 일은 삼가야 된다는 주의도 들었다. 나도 이젠 내 몸을 천금같이 여겨야겠다는 다짐을 하고 집 안에서 놀기로 작정한다.

“그래, 엄마가 없을 동안 우리 신나게 놀자. 무슨

놀이할까요?"

"수건돌리기 해요."

"병원놀이 해요."

"숨바꼭질 해요."

"소꿉놀이 해요."

주문이 분분하다. 엄마는 통제를 많이 하지만 할머니는 내버려둔다. 그래서 마음껏 어지르고 놀 수 있기에 기회다.

"그래 신나게 놀자. 할머니가 시키는 대로 해야 끝까지 놀아준다. 말 안 들으면 할머니 1층으로 가버린다. 알겠나?"

"예, 말 잘 들을게요."

제 어미 없으니 한풀 꺾이어 고분고분하다.

세살짜리 손자 놈은 술래가 되면 '꼭꼭 숨어라'는 말을 못 해 기둥에다 얼굴을 가리고 곡, 곡, 곡, 곡소리만 낸다. 숨을 데라야 뻔하다. 소파 뒤가 아니면 문

뒤, 책상 밑인데 이제는 장롱에 들어가 숨기도 하고 펴놓은 이불을 뒤집어쓰기도 한다. 나도 금방 싫증을 느낀다. 술래잡기나 봉사놀이는 아무리 넓어도 좁다. 까르륵 깔 깔 깔 웃음보가 터진다. 잡힌 사람은 노래하기다.

유치원에서 배운 노래를 하려고 얌전하게 차려 경례를 한다. 우우 소리와 박수 짝짝 치면 입은 더 크게 딱딱 벌리고 목도 까닥까닥 소리도 한 옥타브씩 올라간다.

♪동해물과 백두산이 마르고 닳도록 하느님이 보우하사, 우리나라 만세♪

발음도 분명하게 제법 잘 부른다. 박수 짝 짝 짝. 플라스틱 막대는 마이크 대용이다. 세살배기도 뭐라뭐라고 음을 높이고 낮추고, 한참 몸을 일렁대며 노래하는 시늉을 한다. 휴대폰에서 음악을 이리저리 바꾸어 주면 템포도 빠르게 뛰고 돌다가, 느린 음이 나오면 율동도 여유롭다. 같이 어울려 뱅뱅 돌고 뛰고, 팔도 흔든다. 어린이 인기 프로인 유캔도, 슈 슈 슈 쉭 동작도 한다.

갑자기 바깥 볼일 몇 가지로 뛰어다닌 피곤이 몰리면서 잠이 사물댄다. 놀이마당에서 할머니가 누우면 반칙이다. 그것은 내가 정한 규칙이다. 누우려면 핑계를 만들어야 한다. '우리 병원놀이 하자.' 말이 떨어지기 무섭게 나를 자리에 눕히고 이불을 덮고 셋이서 달려들어 가슴을 걷어 올리고 청진기를 이리저리 옮기며 꾹꾹 누른다. 눈도 까집어 보고 혀도 내어 보란다. 응애응애 소리만 내면 갑자기 나는 아기로 바뀐다. 손길이 훨씬 더 부드럽고 친절해진다. 잠시지만 편안해진다.

"아기야 많이 아파? 조금만 참아. 금방 괜찮아질 거야."

체온계로 머리의 열도 잰다. 내가 구해다 준, 쓰고

난 주사기를 소독 솜 문질러 가며 여기저기 찔러댄다. 응애응애 엄살을 피우면 정말 걱정스레 들여다본다. 잠잠하게 한참을 더 누워 있어도 된다. 그러면 정말 몸이 한결 풀린다.

아이들 세계는 단순하다. 그래서 나도 단순하게 애들 본다는 명목으로 내 삶을 휴식한다. '할머니! 할머니!' 하고 매달릴 때가 좋다고, 잠간이라고 누가 그랬다. 금방 커지는 아이들이 내 곁을 떠나가는 일도 머지않을 것이다.

어른들은 빨리 늙는다고 한탄들 한다. 애들 커 가는 것 보면 어른들이 도리어 늙지 않는 편이다. 이 애들이 성년이 되면 그때는 호호 할머니가 되겠지.

벌써 해거름이 다가온다. 어느새 한 녀석은 엎드려 잠이 들었다. 나도 아련하게 한숨 푹 자고 싶다.

"어머니, 이제 집에 다 와 갑니다. 어머니 덕분에

오늘 저는 유쾌한 하루 보냈습니다. 고맙습니다."

며느리의 숨 가쁜 말이 목젖을 넘는다.

그래! 서로 지킬 것 지키고, 배려하며, 매사에 감사하며 존중하는 게 바로 예(禮)인 거야.

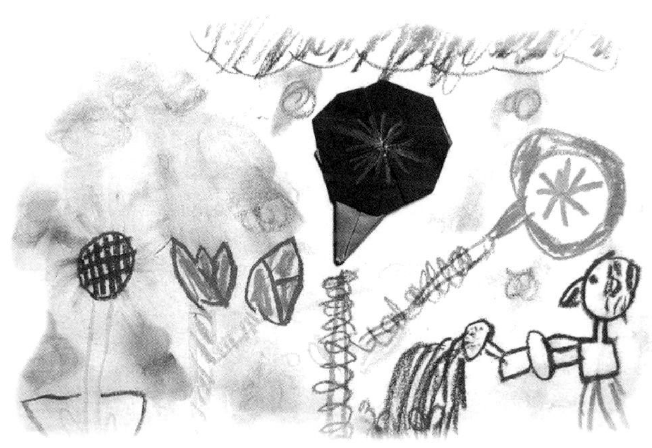

9 오줌 분수

석이는 요즘 말도 많이 늘고 놀이도 익히느라 즐겁습니다. 두 돌이 지나 말을 조금씩 할 줄 알고부터는 놀이에 끼워 주었습니다. 응애응애 울기, 호랑이 흉내 내기는 누워 떡먹기입니다. 엉금엉금 기어가서 으흥 으흥 입을 크게 벌리고 덤비며 두 손으로 호랑이 앞발 시늉을 하면 정말 호랑이라도 나온 것처럼 누나들은 호들갑을 떨며 숨을 곳을 찾느라 야단입니다. 엎드려 풀쩍풀쩍 거실을 뛰어다니는 개구리 흉내도 곧잘 냅니다. 소꿉놀이 할 때는 남자니까 어련히 아빠 역할도 합니다.

오늘도 일찍 잠이 깨었습니다. 저녁에 일찍 자니까 일어나는 것도 빠릅니다.

눈 비비고 일어나기가 바쁘게 두 누나가 자는 방으로 갑니다. 누나들은 늦게까지 TV만화프로그램인 톰과 제리 또 짱구는 못 말려 등을 봅니다. 엄마가 성화를 하고 집안의 모든 전등을 다 꺼 버려야만 잠자리에 드는 좋지 못한 버릇이 있답니다.

"누나야 일어나. 누나야 일어나." 엎디어 자던 큰누나는 떨어지지 않는 실눈을 뜨고 누에가 머리를 들듯이 윗몸과 얼굴을 쑥 들어 보다가는 다시 눈을 감습니다. 작은누나도 흔들어 깨워 보지만 등을 돌려 다시 눕더니 미동도 않습니다.

정말 심심합니다. 엄마 아빠도 일어나려면 아직 멀었습니다. 오줌 싼다고 채워져 있는 기저귀도 찝찝해서 아무렇게나 빼 던져버립니다. 갑자기 밤새 한 번도 안 눈 오줌이 마려워집니다. "엄마 쉬 쉬 쉬" 하며 고추를 쥐고 동동 구르며 엄마를 향해 소리 지릅니다. 아무리 깊이 잠이 들었다가도 석이의 이 소리만 나면 엄마는 금방 잠이 깹니다. 화장실에 불을 켜고 들어가서 자세를 취합니다. 변기에 앉지를 않고 욕실 바닥의 동그란 배수구 구멍 앞에 쪼그리고 앉습니다.

"안 돼 변기에 누어야지." 하면서 아기 카버를 놓아줍니다. 그저께 작은누나가 이렇게 누는 걸 보았기 때문에 변기 위에 앉혀 놓아도 "싫어, 싫어." 하며 한사코 바닥에 내려와 여자애들마냥 쪼그리고 앉은 자세에서 쉬를 합니다. 배수구 구멍으로 녹차 색깔의 오줌이 졸졸 흘러갑니다. 누나가 하던 대로 수돗물을 대야에 받아서 퍽 바닥에 부어버립니다. 딴은 물로 오줌을 씻어 내리는 절차입니다.

아빠도 일찍 출근하고 늦게 퇴근하니 남자가 쉬 하

는 것을 본 적이 없어 누나들 하는 대로 배우다 보니까 꼭 여자애를 닮아갑니다. 놀이도 소꿉놀이 위주입니다. 음식을 만들고 작은 상차림을 하여 엄마에게 들이대면 엄마는 짭짭 소리를 내며 밥 먹는 시늉을 해야 합니다. 그리고 설거지하기를 좋아합니다. 식탁 의자를 개수대에 붙여놓고 수돗물을 틀고 졸졸 흐르는 물에 소꿉놀이 그릇들을 씻는 일은 누나들 못지않게 석이도 좋아하는 놀이입니다.

어느 오후 할머니랑 초등학교 운동장에 놀러갔습니다. 학교에는 마당 저편에도 남학생 소변 보는 곳이 있습니다. 애들이 놀다가 우르르 뛰어가는 것을 보고 할머니도 민석이를 데리고 거기 가서 초등학생 형들이 소변 보는 것을 보여주었습니다. 그랬더니 석이도 바지를 아래로 내리고는 아랫배를 쑥 내밀고 고추를 쥐고 형들의 흉내를 내면서 쉬를 해봅니다. 전 같으면 화단 가 언저리에서 쪼그리고 앉아서 눌 테지만 금방 배웠습니다. 소변이 마려웠던 참이라 금방 죽죽 나옵니다. 형들 하던 대로 오줌줄기로 포물선을 그리다가 위로 아래로 자유자재로 누어봅니다. 참 재미가 있습니다.

"깔 깔 깔. 할머니! 분수, 분수!"

하면서 할머니께로 오줌줄기를 겨눕니다.

"예끼 놈, 오줌 누면서 장난치면 못써요."

할머니가 옷자락에 묻은 오물을 털어냅니다. 집에 돌아온 석이는 또 쉬가 마려워서 변기 앞에 서더니 고추를 잡고는 분수, 분수 하면서 포물선을 그으며 엄마에게로 겨눕니다. "안 돼." 소리칩니다.

"신기해요 어머님!"

"신기할 것도 많다 원."

"어머님, 어떻게 가르쳤기에 석이가 서서 쉬를 하네요."

애들은 어른이 하는 대로, 보는 대로 모방을 합니

다. 날씨가 더워서 선풍기를 꺼내 놓았습니다. 할머니가 허리 굽히기 싫어서 엄지발가락으로 선풍기를 눌러 켰더니 석이도 본 대로 따라합니다. 발가락으로 잘 안 되니까 앉아서 발을 잡고 엄지발가락으로 억지로 눌러 끄는 걸 보면서 애들 잘 가르치려면 어른이 발라야 되겠다는 생각을 합니다.

10 반칙

날씨가 싸늘해집니다.

보경이, 인경이, 석이가 잘 노는 틈을 타서 엄마가 얇은 옷은 상자에 담아 다락으로 올려놓습니다. 차곡차곡 개켜놓은 보송보송한 겨울옷을 꺼내 옷장에 걸면서 거의가 다 작아져서 올해는 입힐 수 있을지 걱정을 합니다. 애들이 하루가 다르게 쑥쑥 자라니 옷들이 모두 달랑달랑 길이가 짧습니다. 엄마가 걱정을 하면서 옷들을 활활 터는데, 어디서 떨어졌는지 거실

바닥에 무엇이 떼굴 떨어집니다.

"와! 사탕이다. 맛있는 사탕이다."

보경이가 얼른 주워서 손을 뒤로 합니다. 우르르 동생 둘이서 등 뒤로 돌아가 뺏으려고 합니다.

"안 돼. 내꺼야. 내가 주웠어."

"때 꺼야 아 앙."

세살짜리 막내가 자기 것이라고 떼울음으로 어거지를 써 봅니다.

'내 꺼야!'라는 첫 발음을 못해서 '때 꺼야!'라고 된 소리를 지르기 때문에 엄청 더 시끄럽습니다. 사탕 한 개에 세 아이가 달라붙습니다. 깨금발로 서서 키 높이보다 더 위로 번쩍 드는 손끝에 사탕 한 개가 대롱대롱 합니다. 하던 일을 멈춘 엄마가

"조용히 해."

큰누나 손에서 사탕을 받습니다.

"이러지 말고 나누어 먹도록 한다. 큰누나부터 먼

저 입에 넣어서 하나 둘…… 백을 셀 때까지 녹여 먹고, 그 다음 작은누나가 먹고, 그 다음은 석이가 빨아먹는다. 실시!"

엄마가 해결사입니다.

조용한 채로 아래로 동생 둘의 입에서 하나 둘 셋 넷 소리는 이어집니다. 하도 빨리 세어서 먹은 둥 만 둥입니다. 그 다음은 작은누나 차례, 그 다음은 석이 차례입니다. 녹은 사탕은 손에 쥐면 찐득하니까 입에서 입으로 사탕 버튼이 넘어갑니다. 두어 차례 돈 즈음입니다.

사탕을 빨리 많이 녹여 먹으려고 제각각 입놀림과 혀 놀림이 바쁩니다. 사탕이 점점 작아지나 봅니다. 둘째가 오물거리고 있는 중입니다. 큰누나는 발음도 차랑차랑하게 잘도 셉니다. 육십아홉, 칠십, 팔십하나 높아가는 숫자에 초조해진 나머지 작아진 사탕을 작은누나가 자기도 모르게 깨물었습니다. "오도독"

이에 놀란 큰누나가

“엄마! 인경이가 많이 먹으려고 깨물었어. 어떻게 해.”

큰누나가 인경이 행동에 속이 상해서 비죽비죽 울려고 합니다. 엄마는 웃음을 참느라 앞니가 다 아픕니다. 옷 정리도 거의 다 되어갑니다.

“이건 반칙이야, 반칙.”

큰누나가 반칙 소리를 뇌까리니 작은누나의 입만 바라보던 세살배기도 따라합니다. 혀가 잘 돌지 않는 발음으로 “바칙이야, 바칙.” 바칙이라는 발음에 엄마가 또 배를 움켜쥡니다.

둘째는 내놓을 것도 없이 다 바수어진 사탕을 입 안에서 녹이느라 눈을 말똥말똥하게 뜨고는 언니와 동생을 똑바로 바라만 봅니다. 입만 오물거리는 동생의 등판을 언니가 퍽 소리 나게 세게 한 대 갈깁니다.

“야, 너 분명히 반칙이다.”

최고로 아프게 한 대 때립니다. 그러나 아프지는 않고 퍽 하고 소리만 난 것입니다.

마지막 사탕조각들을 어금니로 바작바작 부수니 달콤한 맛이 입 안에 뱅글뱅글 돕니다. 꼴깍 하며 한 번 삼키고 혀로 입술에 묻은 단맛도 삭삭 다 핥아 목 안으로 넘깁니다. 다 삼킨 인경이가 그때서야 맞은 것이 억울해서 앙, 앙, 앙, 발을 구르며 웁니다. 아프지도 않은 등이 맞아서 아픈 것 같습니다.

그때 마침 할머니가 들어옵니다.

원병을 만난 둘째가 일러바칩니다.

"할머니, 언니가 아까 전에 나를 이렇게 막 때렸어요. 응, 응, 응."

자기가 한 짓은 일언반구도 없습니다.

인경이의 반칙을 설명하느라 첫째는 조잘조잘 숨이 찹니다.

11 개가 맨발로 다니니 오뉴월로…

애들과 놀아주는 중이다. 엄마놀이도, 병원놀이도 이젠 식상할 만큼 머리가 커지고 지능도 높아진 애들이라 뭔가 새롭게 놀아주기를 원한다.

한 놈은 TV 어린이 프로그램, 또 한 놈은 컴퓨터에 매달려 인형 옷 입히기에 정신이 없다. 애 둘에게 걷기운동이라도 시킬 겸 좀 춥지만 두꺼운 옷을 입혀서 초등학교 운동장을 찾았다.

귀찮지만 강아지도 꽁꽁 대싸서 바람 쏘여 줄 겸

몰고나가니 한 부대다. 살살거리며 다리 사이에 붙어서 걸으니 발에 밟힐 지경이다. 강아지 줄을 잡고 한껏 달려 나가니 개도 졸랑졸랑 폴짝폴짝 잘도 달린다. 저쯤 가더니 뒷다리로 서서 보란 듯이 제 딴에는 재주를 부린다. 넓은 운동장에 꼬맹이 둘과 나 강아지뿐이다. 달리기나 한바탕 시키려고 나왔지만 좀 설렁하다. 한 놈이 내 손을 뿌리치고 뜀박질로 미끄럼틀 앞으로 냅다 달려 나간다.

"안 돼, 발이 시려서 안 돼."

맨발이라야 역으로 오를 수 있다는 걸 아는지라 소리 지르며 말렸지만 운동화와 양말을 벗어던지더니 미끄럼틀을 역으로 거슬러 올라간다. 꽤 높은 데까지 서서 곧장 걸어서 오른다. 아슬아슬하고 조마조마하다. 양쪽 손잡이 대를 잡고 상판으로 성큼 올라선다. 우뚝 높은 곳에 다다르니 기분이 째지는가보다. 꽥 꽥 소리를 지른다. 함박웃음을 담고는 발과 두 팔을 치켜 들고 엎디어서 쏜살같이 미끄러져 내려온다. 깔깔깔 재미있어 못 견뎌 하며 숨 가쁘게 자꾸 오르내린다.

"이 녀석아 발 시려. 양말도 신고 신발도 신고 미끄럼 타거라."

"싫어요. 양말 신으면 저리로 못 올라가요."

막무가내다. 한참동안 오르락내리락 거리더니 신발은 팽개쳐 두고 그네로 돌진한다. 엎드려서 중심을 잡더니 발로 땅을 차 가면서 날개 펼쳐 날기도 하고 앞으로 뻗으며 슈퍼맨이라고 외친다. 그네에 실려 다니는 애들 옷자락을 물려고 강아지도 뒹굴며 까불댄다. 그넷줄을 잡으니 금속의 차가움이 손아귀에서 시리다. 나도 그네를 탄다. 두 곳에서 두 놈이 서로 밀어 달라고 졸라댄다. 세게, 세게, 더 세게 밀어 달라고들 성화다. 내의까지 입고 나온 나도 오싹한데 꼬맹이 둘의 머리는 땀범벅이다. 감기 들까봐 걱정이 된다. 이 추운 날 밖에 데리고 나갔다고 며느리가 언짢아 할 것 같다. 애들 실컷 봐주고 인사 못 듣기 십상이다.

“춥다. 엄마 오기 전에 그만 놀고 집에 가자.”

“싫어요. 더 놀다 가요.”

억지로 양말을 신기고 집으로 온다.

“할머니 추워요. 어부바 해줘요.”

훌쩍 콧물이 한 줄 죽 나온다. 입까지 닿는다. 아랫입술로 더 이상 못 내려오게 빨며 삼킨다.

큰일 났다. 감기 걸리겠다. 등에다 젊어진다. 무게가 제법 나간다. 바지가 흙투성이다. 웃옷을 벗어 감싸고 개 끈을 잡고 끙끙대며 횡단보도 파란신호를 기다린다. 따끈한 물 받아 한바탕 씻고 자리 펴자 말자 꿈나라로 가버린다. 담요 밑에서, 언 발은 아직 싸늘하다. 차가운 발을 만져 주며 곁에 누워 살짝 든 잠이 향기롭다.

‘할머니 더 세게 밀어주세요.’라며 잠꼬대로 응얼거린다.

녀석들, 개가 맨발로 다니니까 오뉴월인 줄 아나 봐.

진짜?

아무렇지도 않은 표정으로 손아귀에서 무엇인가를 탁탁 터는 시늉을 한다. 손을 털고 난 자리에 한 움큼의 머리카락이 떨어져 있다. 웬 머리카락? 바로 조금 전에, 아니 지금 막 한바탕 싸움이 붙은 흔적이다. 누나라고 동생을 얕보고 자기 마음대로 좌지우지하려고 들었다가 봉변을 당한 것이다. 말만 아직 잘 못 할 뿐이지 키도 같고 덩치도 있고 세 살이지만 몸무게도 다섯 살인 누나보다 더 나간다. 먹을 것이나 장난감을 뺏으려 들면 그때는 인정사정없다. 누나는 앙살로 기선을 잡으려 하고, 동생은 힘으로 밀어붙인다.

어제는 누나의 다 맞추어 놓은 퍼즐을 휘휘 저어버려서 한바탕 전쟁을 하더니, 오늘은 쌓은 놀이용 벽돌을 건드려서 석이가 팍 넘어지게 했었나 보다. 그리고는 "메롱" "메롱" 하며 혀를 날름거리고 내빼며 뱅뱅이돌기를 몇 차례 한 후 뒤돌아서 역공을 하다가 맞붙었다. 뱅뱅이를 돌다가는 금방 하하 호호 다음 놀이로 이어지는데 오늘은 약이 많이 올랐나 보다. 나풀거리며 쥐기 좋은 긴 머리가 대뜸 동생의 손아귀에 잡혔다. 머리카락을 잡고 놓아주지 않는다. 누나도 남동생의 머리카락을 잡았지만 짧아서 손아귀에서 빠져나간다. 아픈 나머지 손으로 동생의 얼굴을 할퀸 것이다. 급기야는 주방일 하던 엄마가 달려들어 떼어 놓았다. "아 야, 아 야, 엉엉." 소리가 집 안에 꽉 찬다. 오늘은 얼굴에 약간 긁힌 자국만 났을 뿐 울지도 않으니 동생이 이긴 거다.

손바닥에 무엇이 붙어서 탁탁 비벼 문질러 없앤 것은 뽑혀진 작은누나의 머리카락이다.

"이놈의 자식이 누나가 아파서 울잖아. 매 가지고 와. 매 맞고 벌 서야 되겠다."

30cm쯤 되는 막대기를 서랍에서 꺼내어 엄마에게 가져간다. 벌써 두 손은 싹 싹 빌고 있다.

양손바닥을 펴서 다섯 대를 맞고, 손들고 꿇어앉고, 그 다음은 누나에게 '미안해, 미안해.' 용서할 때까지 계속 해야 한다. 그러고 나서는 엄마한테서 왜 잘못했는지의 설교를 듣고는 둘이서 서로 안으며 '사랑해, 사랑해.' 하며 양 어깨를 토닥여 주는 게 순서이다.

이렇게 막상막하로 원수인 양 싸움이 붙을 때는 순식간이다.

그런데도 둘이는 잠시도 안 보면 심심해서 안 된

다. 유치원 갈 때는 둘이서 포옹을 한 번 하고 키스도 한다. 그런데 오늘은 아니다.

"누나야, 잘 갔다가 빨리 와."

하며 동생이 의례적으로 안아주고 키스를 하려는데

"싫어. 나는 오늘부터 네가 싫어. 동생 안 할 거야. 내 머리카락을 이만큼 뽑았잖아."

매정하게 뿌리친다. 누나가 뽀뽀도 안 하고 가버려서 울상이다. 그러다가

"차 조심하고 계단도 조심하고."

계단을 내려가는 누나를 보고 석이가 또박또박 정이 넘치는 표정으로 배웅을 한다.

"그런 걱정 안 해도 돼. 나는 네가 미워. 너하고 다시는 안 놀아."

어제 싸움한 앙심이 아직 남아서 쌀쌀맞게 군다.

"진짜 미안해. 작은누나야."

저 녀석 언제 진짜라는 낱말을 배워서 써먹지.

어른들도, 특히 여자들은 싸움질하면 머리카락부터 잡고 끄는데 세살배기가 대뜸 머리카락을 잡다니 아마도 이건 자기방어와 공격을 위한 본능인가 보다.

13 꼬끼오

동물농장 노래가 컴퓨터에서 흘러나옵니다.

닭장 속에는 암탉이 꼬끼오
외양간에는 송아지가 음메에
마루 밑에는 강아지가 멍 멍 멍

동물농장 노래는 석이도 할머니도 좋아합니다. 오늘도 한바탕 야후 꾸러기의 동요교실을 하고 난

후입니다.

닭은 캄캄한 밤이면 가만히 잠자고 하얀 아침이 되면 누워 있지 말고 빨리 일어나시오 꼬끼오 빨리 일어나시오 꼬끼오 하면서 사람들을 깨운다고 얘기해 주었습니다.

오후가 되면 나른해지면서 잠이 옵니다. 어제도 선거 연설 듣느라 늦은 시간까지 TV를 보았다가 잠이 모자라서 석이를 보다가 소파에서 잠깐 잠이 들었습니다. 할머니가 자니까 모든 놀이가 다 시들합니다. 할머니를 깨워야합니다. 순간 빨리 일어나게 하려면 꼬끼오, 꼬끼오 소리를 하면 된다는 말이 생각납니다.

석이가 할머니를 깨웁니다. 꼬끼오! 꼬끼오! 깨어나지 않는 할머니의 두 눈꺼풀을 두 손으로 벌립니다. 너무 피곤해서 금방 일어나지지가 않습니다. 연신 꼬끼오 소리를 지르며 할머니 두 귀를 잡고 이

쪽저쪽으로 닭소리를 내지만 아직 일어나지를 않습니다.

일어나지 않는 할머니를 잡고

"꼬끼오 일어나세요. 꼬끼오 할머니 일어나세요."

거의 반 울음으로 불러댑니다.

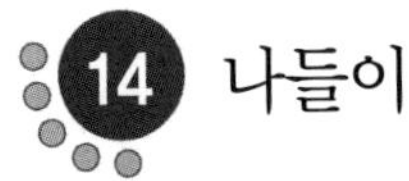

14 나들이

"꼬끼오!"

"이게 무슨 소리야?"

지하철 안의 승객들이 우우 소리 나는 경로석 쪽으로 고개를 돌립니다. '아! 안 돼. 조용해! 쉿!' 검지를 입에다 세웁니다. 다급하게 녀석의 입을 한쪽 손으로 막습니다.

"싫어. 할머니 손 치워. 할머니가 닭장 속에는 닭들이 했잖아. 그러니까 내가 꼬끼오 해야지요."

"그래 맞다, 맞는데 시끄럽잖아."

"응 응 응 또 하세요. 또 하세요."

"그래 알았다. 알았어. 조용히 말해. 쉿!"

석이도 손가락을 입에 대고 쉿! 합니다.

"그 다음은 뭐더라. 닭장 속에는 암탉이 꼬끼오 했으니까 문간 옆에는 거위가"

"꽥 꽥"

"배나무 밑엔 염소가"

"메에에"

"외양간에는 송아지가"

"움머."

조용하게 속삭이던 소리가 움머에 와서는 커다래집니다. 승객들이 시선이 또 몰립니다.

"깊은 산속엔 뻐꾸기가"

"뻐꾹 뻐꾹"

"마루 밑에는 강아지"

“멍 멍 멍”

“이제 그만 하자.”

“또 하세요. 이 잉잉”

“그러면 뭐 할까?”

돼지 꿀꿀.

참새 짹짹.

오리 꽉꽉.

겨울인데도 비가 주룩주룩 내리는 날입니다.

손자를 데리고 나들이 했습니다.

막 말을 배워 한 단어씩 지껄이던 말이 이젠 제법 문장으로 이어집니다. 어미가 문화센터에 좋은 특강이 있어서 가느라 내게 맡겼고, 나도 친구들 모임에 데려갔다가 점심을 먹고 집에 가는 길입니다.

지하철을 탔습니다. 집까지는 30분 걸립니다. 가만히 가면 자버리기 십상입니다. 또 버스를 환승해야 하는데 손에는 가방을 들었고 우산이 두 개이고 아직도

비가 내리고 있어서 자면 낭패입니다. 꽤 무거운 석이를 업고 짐과 가방과 우산 둘을 들 수는 없습니다. 석이를 자지 않게 하려고 한 짓거리가 그만 승객들에게 폐가 된 것입니다.

승객들도 이제는 사랑스런 눈길을 줍니다.

"할머니, 기차 맞아?"

"아니야, 지하철이야."

"아니야, 길잖아."

"맞다 길다. 기니까 기차가 맞다. 참 똑똑하네. 최고다."

내려야 할 역입니다. 아이 때문에 죄송하기도 하여 옆에 앉으신 남자 어르신에게

"할아버지 안녕히 가세요, 인사 드려. 우리는 이번에 내려야 돼."

"아니야. 할아버지 아니야. 아저씨잖아."

돌돌 구르는 목소리로 아저씨라고 우기는 석이를

보면서 할아버지의 눈이 확 빛납니다.

"아저씨 안녕히 가세요."

꾸벅 인사를 하는 석이에게 아저씨 칭호에 기분 좋아진 할아버지가,

"고놈 참. 과자 사먹어라."

지갑에서 빳빳한 천원짜리 지폐 한 장을 꺼내 줍니다.

"고맙습니다. 빠이빠이."

손까지 흔듭니다. 지폐 한 장을 깃발처럼 들고 할머니랑 손잡고 에스컬레이트에 오르는 재미에 녀석의 눈과 입 꼬리가 쫙 벌어집니다.

호기심

소매 끝을 동동 걷습니다.

키가 모자라 유아용 식탁의자를 끌고 와서 냉큼 올라섭니다. 거실장 위에 놓인 수족관에 두 손을 담가 붉은빛과 은빛이 나는 촐랑대는 관상용 물고기를 잡습니다. 빠져나가려 하는 손에 닿는 촉감이 매끈합니다. 참 재미가 있습니다. 엄마가 집에 있으면 절대 해 볼 수 없는 놀이입니다. 엄마가 볼일 보러 나가자마자 벼르던 일이라 곧 놀이에 돌입한 것입니다. 고기가 바글바글하여 한 번에 두 마리도 잡힙니다. 손 안에서 빠져나가려고 꼬물대니 간지러워 재미가 더 쏠쏠합니다. 소매를 위로 당겨서 손을 쑥 넣어 이번에는 바닥에 착 누워있는 큰 고기를 일렁거려 잡으려 하나 큰 고기는 빨라서 좀처럼 잡히지 않습니다.

할머니가 하던 일을 끝내고 이층으로 올라옵니다.

"아서라. 물고기들 만지면 안 돼. 죽는다. 엄마한테 안 이를 테니까 어서 그만두자. 비린내 날라, 비누로 손 씻고 물기 닦아라."

라며 으름장을 놓아서 그만두었습니다. 의자를 끌고 싱크대 제일 높은 곳 구석에 숨겨둔 초콜릿을 용하게 찾아냅니다. 몇 개 꺼내 할머니께 주고는 다시 원상태로 해놓고 얌전히 문을 꼭 닫습니다. 그 다음 냉동실의 아이스크림을 찾아서 한참 뒤지고 야후를 불러 꾸러기에다 놀이를 실컷 다 해보고는 소파에 내려와 금방 색색 잠이 들고 맙니다.

수족관 안의 고기들이 죄다 죽었어요.

어제까지도 팔팔했는데 더러는 가라앉고 몇 마리는 배를 천장을 향한 채 둥둥 떠서 비실거립니다. 왜 죽었는지 엄마는 답답합니다. 인경이는 찔리는 데가 있는지 엄마의 눈만 말똥말똥 빤히 올려다봅니다. 실내조명과 습도 조절, 애들 정서를 위해서 가계부를 쪼개어 마련했는데 돈이 들어가니 속이 쓰립니다. 하는 수 없이 사람을 불러서 수족관 물을 갈고 청소를 합니다. 그 사람은 금붕어들이 민감해서 물이 조금만 오염이 되어도 잘 죽는다고 누누이 설명을 하고 돌아갔습니다.

며칠 뒤 할머니가 엄마에게 사실을 이야기해 버립니다. 그날 '내가 이층에 오니까 인경이가 소매를 걷고 물고기 잡기 놀이를 하더라'고 일렀습니다.

"전에도 그러더니. 요놈의 계집애. 고기 잡기 하지

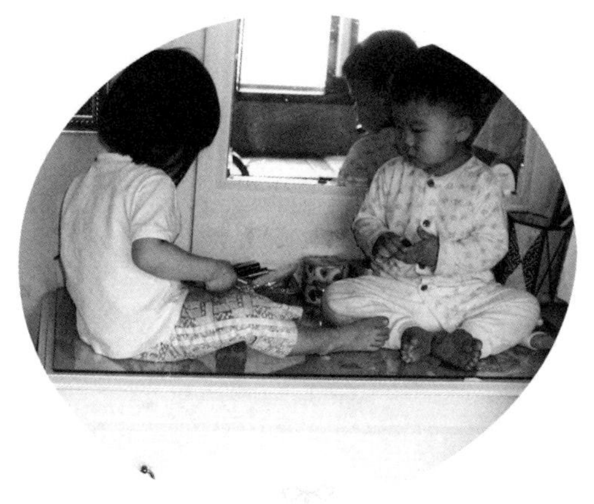

말랬지. 잘못했으면 꿇어앉아. 다시는 안 하겠다고 빌어."

"다시는 안 하겠습니다."

싹싹 두 손을 비비며 손들고 벽에 기대어 꿇어앉습니다. 두 손은 머리를 감싸 안은 채 고개를 연신 끄떡댑니다. 전에도 한 번 혼을 냈는데도 말을 안 듣는다고 중얼거리며 엄마는 자리를 깔고 누입니다. 곧 유치원 방학하면 우당탕거리고 설쳐댈 세 아이들과 지낼 일이 걱정입니다.

사실은 할머니도 어릴 적 개울에서 멱 감다가 고무신에다 피라미를 잡고 놀던 때를 회상하며 인경이의 물고기 잡기 놀이를 못 본 체한 장본인입니다.

16 시금치

계란말이 할 때는 애들이 잘 먹지 않아서 아무것도 넣지 않고 맨 달갈만 풀어서 만들었다. 여태까지 늘 그렇게 했다. 파도 송송 썰어 넣어서 하면 살짝 익은 파 냄새가 나면서 맛이 한결 나은데 말이다.

엄마는 큰 결단을 내리고 애들에게 파, 양파, 시금치를 먹여볼 요량이다.

"오늘부터 계란말이 속에 파 들어간다. 파 골라내지 않고 셋이 다 먹으면 백화점 문화센터에서 하는 인형극 보러 가고 누구 한 사람이라도 골라내면 다 안 갈 거다. 그리고 시금치도 오늘부터 한 줄기씩 먹기다."

으름장을 놓는다. 좋아하던 애들 셋이가 금방 시무룩하다.

호랑이는 무섭고 가죽은 탐나고. 어른들은 영양가 있어 좋다지만 시금치 생각만 해도 이상한 풀냄새 비슷한 게 왠지 입에 대기가 싫다.

시금치는 요사이가 제철이다. 시댁을 싫어하는 며느리들 '시' 자 들은 게 싫어서 안 먹는다는 바로 그 나물이다. 요즘은 시 자가 붙는 시청 건물도 안 보고 다니고 시계는 아예 끼고 다니지도 않는다고들 한다.

아무거나 잘 먹어대는 세살짜리가 좋아하지는 않지만 분위기를 파악하는지 어찌어찌 삼킨다. 일곱살짜리도 인형극 구경이 탐이 나서 꿀꺽 삼켰다. 셋이서 다 먹어야 인형극을 보러 갈 수 있는데 동생이 안 먹을 게 뻔해서 동생을 꼬드긴다.

"인경아, 너 정 못 먹겠거던 언니 시키는 대로 해봐라 응."

눈을 말똥거리며 단단한 각오로 머리를 끄덕인다. 계란말이는 파 골라 내지 않고 어찌어찌 먹었다. 이제는 시금치를 한 가닥이라도 먹어야 될 차례다. 언니가 묘안을 내어놓는다.

"밥을 숟가락으로 떠먹은 다음 두 손으로 눈을 가려서 시금치 보지 마라, 언니가 입에 넣어 줄게. 그리고는 물을 얼른 많이 먹어 버려."

"목에 걸리면 어떡해?"

"그러면 눈을 감고 씹어서 얼른 삼키고 바로 물을 먹고 넘겨버려. 그리고 눈 떠, 알았지?"

조그만 손으로 양쪽 눈을 가린다.

젓가락으로 한 가닥을 집어 동생 입 안에 넣어준다. 찡그린다. 턱이 천장을 향하고 고개를 뒤로 젖혀

씹는 시늉을 해본다. 시금치가 어서 내려가기를 바라지만 삼키지를 않으니 내려갈 리가 없다. 도로 올리려니 언니가 지켜보고 목 안으로 넘어가지도 않고 진퇴양난이다.

주방에서 이 광경을 지켜보던 엄마가 "푸하하" 배를 잡고 웃음소리를 터뜨린다. 그 소리에 얼른 가렸던 손을 뗀 둘째가 상 위에 시금치나물 한 줄기를 도로 뱉어냈다.

"요놈의 계집애, 오늘 인형극 구경 안 간다."

엄마가 잘라 말한다.

"인경이 너 때문에 인형극 구경 못 하잖아 책임져."

일곱 살 난 언니가 뿌루퉁해서 자기 방으로 들어가 문을 쾅 닫아버린다.

여자애라서 시집이라는 말을 태어날 때부터 미리 알고 시금치를 안 먹는 걸까?

씹다 만 시금치가 애꿎게 상 위에 널브러져 있다.

17 등단 축하에, 생일날에

오늘은 둘째 아들 생일이다.

마침 휴일이라 아무도 출근을 안 하니 한결 느긋하다. 우르르 아래층으로 내려오는 발자국 소리가 들리더니 현관문이 열리고 이윽고 세 녀석이 들이닥친다. 서로 먼저 거실에 들어오려고 몸싸움을 벌이니 신발이 제대로 벗어 질 리 없다. 호호 호 호, 히 히히히 큰 녀석이 먼저 머리를 들이민다. 뒤이어 둘째와 셋째가 동시에 서로 덜미를 잡으며 거실에 발을 딛는다.

"오늘 작은아빠 생일 맞지요?"

"그래, 맞다. 엄마와 아빠도 내려오라고 전화해라. 밥 다 됐다."

"근데 이게 뭐예요?"

바닥에 안 보던 물건이 보이니 호기심에 확 펼쳐 본다. 기다란 현수막이다.

어제 저녁 회원 모임에서 등단 축하 현수막 걸었던 것이 있어 꺼내 놓았는데 눈에 띈 것이다. '김외남 선생님의 등단을 축하합니다. ○○수필 문학회원 일동' 초등 일 학년짜리와 유치원생 둘째 손녀가 더듬더듬 읽는다.

"할머니가 선생님 됐어요?"

화들짝 놀란다.

"그래. 선생님 됐다."

얼떨결에 대답을 했다.

"진짜요, 언제요? 와아! 할머니가 선생님이 되셨단

다."

어제부터 선생님 되셨다고 입을 함지박만 하게 벌리고

"할아버지도 빨리 나와 보세요. 삼촌도요. 어제 저녁부터 할머니가 선생님 되셨대요."

의미도 모른 채 팔짝팔짝 뜀뛰기를 한다. 나도 장단에 놀아주느라 뒤질세라 풀쩍풀쩍 뛴다. 애들 등쌀에 식구 모두들 현수막 펴들고 한바탕 강강술래로 맴을 돈다. 생일상 준비하다가 뜀뛰기 하느라 숨이 차다.

식구가 아홉 명이다. 그러니 생일상을 일 년에 아홉 번을 차린다. 생일상이래야 미역국에 팥 넣은 찰밥이다. 조기 두어 마리 굽고, 두부 한 모 굽고, 육류 찜, 삼색나물에 술 한 잔 쳐놓고 제철 과일 한 쟁반에 냉수 한 사발 얹고 부침개 한 접시가 모두이다. 이렇게 내 힘이 닿는 한은 내 성의로 내식으로 어른

아이 없이 생일날을 자축한다. 기원하는 말도 상황에 따라 다르다. 애들 생일 때는 무럭무럭 자라서 앞으로 이 세상에 꼭 필요한 사람 되게 해 달라고 염원을 드린다.

좌로부터 서열 지으며 상 앞에 늘어선다. 아이들 입장에서 말한다. "오늘은 삼촌의 생일날입니다."로부터 시작해서 "건강하고 돈도 많이 벌고 훌륭한 사람 되게 해 주십시오." 만약 교회를 다닌다면 주님께 기도하고 '아멘' 할 것이다. 내식은 그냥 공수하고 마음 가다듬어 다 같이 절을 한 번 한다. 가톨릭 신자인 며느리가 합류할 때도 있다. 강제성은 아니다.

바쁘게 사는 세상이라 한 울 안에 살아도 얼굴 대하기가 쉽지 않다. 이럴 때 한번씩 얼굴 마주하고 식사도 같이 하게 되면 소원했던 마음이 저절로 녹는다. 외식을 할 때도 있다. 뭐니 뭐니 해도 애들한테는 생일 케익이 관심사다. 밥을 먹으면서도 연신 케익 위에 얹힌 빨갛고 파란 장식에 눈이 간다. 꼬마가 슬쩍 검지로 빵을 꼭 찢어 맛을 본다. 초를 꽂고 폭죽 준비도 다 됐다.

큰아들 왈

"엄마가 꾸준히 수필 공부 하시더니 드디어 해 내셨네요. 축하합니다. 모두 박수. 와아아아!"

아들 생일에 내가 먼저 축하를 받는다. 서로 더 큰 소리로 생일 축하 노래 부르느라 거실이 떠나간다.

"축하합니다. 작은아빠 생일을 축하합니다. 할머니 등단을 축하합니다. 우 우 우 우 우"

불을 껐다가 다시 켠다. 애들이 즐겨서 불을 켜고 노래하고 또 불어서 끄기를 보통 두세 번씩 한다.

"너희들이 이렇게 무탈하게 장성하여 주어서 고맙다. 네 댁이랑 서로 위해주고 잘 살아야 한다. 요사이는 남자들이 반 여자가 되어 집안일도 같이 해야 하는 시대다. 무엇보다 한곳을 향해 마음을 같이 하는 게 중요하다."

지난해에는 에베레스트 등정한다고 생일도 집에서 못 치렀다. 장성한 덩치를 대하며 어릴 때 어려워서 남들같이 잘 입히고 먹이지 못한 것이 하나하나 마음에 걸린다.

등단(登壇)이라! 문단에 오르다. 사전에는 이렇게 씌어 있다. 그래 작은 동산에 올랐다. 오를 때 많은 동료들이랑 같이 올랐는데 뒤에 처진 동료들도 많이 보이고. 더 아득한 봉우리를 향한 선배들도 보인다. 그래 또 가야지. 이제부터 더 좋은 작품을 써야지.

18 김밥 옆구리 터진다

“김밥 사세요. 김밥 사세요.”

할머니가 이층으로 올라오는 발소리를 듣고 순식간에 생각해낸 놀이다. 세 녀석이 각각 야외에 나갈 때 사용하는 매트 속에 김밥처럼 돌돌 말아져 발가락만 쏙 내민 채 그 속에 나란히 키대로 드러누워서 김밥 사라고 외쳐댄다.

“어디 김밥 한번 맛볼까. 단무지도 보이고 햄도 보이네.”

쏙 나온 녀석들의 발가락을 손으로 떼어먹는 시늉을 한다. 까르륵 까르륵 웃음 씨가 좋다. 발가락이 가려워서 후닥닥 들치고 나온 막내가 누나들의 김밥 위에 올라타고는 쿵쿵 엉덩방아를 찧으니 김밥 다 망가지겠다면서 후닥닥 다들 일어난다. 천장을 바라보고 한바탕 웃어댄다. 눈물이 나도록 깔깔거린다.

"가위 바위 보. 가위 바위 보."

할머니가 술래다. 큰 손수건으로 두 눈을 가리고 질끈 맨다. 거실의 물건은 넘어지지 않게 다 치웠다. 두 팔을 벌리고 일부러 더듬더듬 봉사 흉내를 내면 잡힐 듯 내빼면서 지르는 히히 호호 소리에 뒤뜰 풋감이 툭툭 떨어진다. 따라가 잡기는 식은 죽 먹기다. 소리를 지르지 말라며 소리 듣고 금방 잡힌다고 동생을 우격다짐을 해도 발자국을 뗄 때마다 엉겁결에 저절로 히히히 소리가 난다. 누나들은 따라오지 말래도 꼭 따라다니며 소리를 질러대니 봉사인 할머니 치맛자락을 툭 치며 달아나는 속임을 할 수가 없다.

매양 하는, 지어낸 호랑이 이야기 다음에는 호랑이가 되어준다.

"어흥, 어흥"

앞발을 세우고 입을 크게 벌리고 머리를 흔들며 다가가면 숨는 곳은 뻔하다. 장롱 안이 아니면 급한 김에 이불을 뒤집어쓰는 방법이다. 우선 호랑이가 눈에 보이지 않으니까 덜 무섭다. 이불 속은 가장 좋은 안전방이다. 셋이 같이 있기에 무서움이 가신다. 숨을 죽이고 동글동글한 머리 셋이 저마다 최대한 낮추어서 엎디어 숨을 죽이고 있다. 산속 같은 적막감이 잠시 돈다.

"요놈들이 다 어디로 갔을까. 이 호랑이가 배가 고픈데 한 놈도 안 보이네. 산속으로 도로 가야겠다."

무릎을 굴리며 거실로 나가는 소리를 내면 궁금하여 머리를 쏘옥 내민다. 고개를 획 돌리며

"어흥. 한 놈 잡았다."

이때부터 서로 밑에 숨으려고 머리를 방바닥에 부딪쳐 아프기도 하련만 위기 관리상 우는 법은 없다. 이불 한 자락의 경계가 바로 안전방이다. 이리저리 이불 속에든 머리수를 더듬어 만지며

"금방 소리가 들렸는데 아무도 만져지지 않네."

하며 한참 동안 뜸을 들인다.

제 어미만 없고 틈만 나면 야후꾸러기에 접속하여 눈알을 굴리기에 이렇게라도 해서 컴퓨터에서 떼어 놓는다.

"아이스크림 먹을 사람은 일층으로 간다. 출발!"

조그만 숟가락과 작은 그릇을 들고 큰누나 먼저, 작은누나 다음, 맨 나중에 막내, 이렇게 서열을 정해 준다. 얌전히 규칙을 지킨다. 나는 딸기를 좀 더 넣어 주세요. 나는 바나나를 더 주세요. 세 명 모두 똑같이

주어야 뒷말이 없다. 이렇게 나도 즐기며 놀고 나면 장 보고 돌아올 시간이다.

직장을 그만두고 애를 셋이나 낳고 뒷바라지만 하는 며느리가 기특하다. 마트에 갔다 오는 날이니 부수입으로 갈치 몇 토막, 아니면 고등어조림을 하여 들고 오겠기에 오늘도 아래층 반찬 걱정은 안 한다.

밥만 익히면 되겠다.

19 결혼식 꿈

애들을 데리고 기찻길 가까운 곳까지 가을을 보러 갔다. 강아지풀 사위어가는 풀무더기 속에 군데군데 하늘거리는 코스모스가 곱다.

'코스모스 한들한들 피어있는 길, 향기로운 가을 길을 걸어갑니다.'

속으로 노래를 흥얼거린다.

네 살짜리 녀석이 꽃을 탐내어 꺾는다. 중간에다 강아지풀도 뽑아든다.

"많이 꺾어 버리면 다른 사람은 꽃을 보지 못하잖아. 조금만 해라."

"할머니, 나는 이거 엄마 갖다 줄 거예요. 이 꽃을 안고 예쁜 옷 입고 결혼식 하자고 할 거예요."

"엄마 결혼했잖아, 그러니 너희들이 태어났지."

"언제요? 누구하고 했어요?"

"아빠랑 옛날에 했지. 집에 가서 결혼사진 보여줄까?"

"아앙 아앙, 이잉 이잉…… 엄마한테 이 꽃다발 들고서 결혼식 하자고 할 건데 벌써 결혼식 해버리면 어떡해. 우리가 코호- 잠 잘 때 했어요?"

진지하게 묻는다.

"아니, 그게 아니고 오래 전에 아빠는 총각이고 엄마는 아가씨일 때 두 사람이 만나서 결혼식 했지. 그래서 큰누나는 제일 먼저 태어나고 그 다음 작은누나, 그 다음에 네가 응애 응애 울면서 엄마 뱃

속에서 쏘옥 나왔지."

"어디로 나왔어요."

"배꼽으로 나왔지."

"와! 신기하다."

노닥거리다가 집으로 왔다.

엄마를 보는 눈이 심상찮다. 들고 온 꽃도 그냥 아무데나 두고는 결혼식 사진을 보잔다. 엄마는 우리들만 빼놓고 결혼식 하고 사진을 찍었다고 대들며 식식댄다.

"어머니, 얘들이 왜 이래요. 나를 막 째려보잖아요."

"우 하하하하, 우 하하하하 그랬구나."

"석이는 누구하고 결혼할래?"

엄마가 석이를 빤히 보며 물었다.

"엄마하고 하려고 했는데 지금은 아니에요."

갈증이 났는지 찬 생수를 꿀떡 한 모금 마시고는

"누나야, 우리 엄마놀이 하자. 누나는 엄마, 나는 아빠."

손가락으로 자기 가슴을 가리키며 제의를 한다.

"싫어, 나는 인제 그런 거 안 해. 시시해. 유치원에서 인어공주 그려오라 했단 말이야. 숙제해야 해. 바빠."

시무룩한 녀석은 소파에 엎디어 잠이 들었다. 꽃을 쥔 엄마하고 결혼식 하는 꿈을 꾸나 보다.

20 달이 자꾸 따라와요

시골로 가을걷이 갔다 오는 길, 주말이라 차가 엄청 밀립니다. 씽씽 달려야 차를 타는 맛이 나는데 운전석 옆자리 엄마 앞에 포개 앉아 있으려니 몸이 비비 꼬입니다. 그나마 차창 유리에 매달려 길가 과수원에 주렁주렁 달린 빨간 사과도 보고 코스모스도 보고 흘러가는 강물도 보는 재미가 쏠쏠합니다. 하릴없이 의자 등받이에 기어올라 뒷좌석의 할머니와 할아버지에게 슬쩍슬쩍 윙크도 하여 보지만 할아버지 할머니는 빙그

레 웃기만 합니다. 앞에도 뒤에도 많은 차들이 불을 켜고 연달아 붙어서 따라오고 있습니다. 바깥이 어두워지고 있으니 산도 냇물도 영 보이지 않습니다.

"아직 멀었어요."

"아직 멀었지. 캄캄해야 집에 갈 수 있으니 심심하면 엄마한테 안겨서 누나들처럼 코 자거라."

뒤에서 할머니가 대답하십니다. 두 누나들도 한 명은 할머니께 기대고 작은누나는 할아버지에게 안겨서 고개를 끄덕이며 제각각 잠이 들었습니다. 누나들이 자니까 장난을 걸 수도 없고 정말 지루합니다.

"할머니, 달이 자꾸 우리 따라와요. 저기 보세요. 자꾸자꾸 따라오잖아요."

"어디 어디? 맞네. 자꾸자꾸 따라오네. 할아버지도 한번 보세요. 우리 석이가 예쁜가 봐요. 저 달이 자꾸 우리를 따라온대요"

머리를 창에 바짝 붙여 달을 치어다봅니다. 보름을 갓 지난 달이 휘영청 언덕 위에 덩그러니 솟아올라 어둠살을 걷어내며 희부옇게 비추고 있습니다.

"오호, 내가 빤히 보니까 구름 속에 숨어버렸어요. 내가 숨으면 또 따라와요. 할머니, 저것 보셔요. 달도 숨바꼭질 하나 봐요."

이젠 덜 심심합니다. 엄마 겨드랑이 밑에 눈을 감고 숨다가 고개 들고 창밖의 달을 보다가, "쉬쉬쉬" 갑자기 생각난 듯 고추를 잡고 안달을 합니다. 가방을 뒤지지만 쉬 통인 플라스틱 우유병은 보이지 않습니다.

"아참, 쉬통을 시골서 씻어놓고 가져오지 않았네. 휴게소에 쉬었다 가요. 쉬도 시키고."

석이에게 조금만 더 참으면 곧 휴게소가 나온다고, 거기 내려서 쉬도 하고 어묵도 사먹고 하자고 타이릅니다.

휴게소에 내리는 석이를 따라 달도 거기서 머무릅

니다. 부스스 잠이 덜 깬 누나들도 휴게소라는 소리에 기지개를 켜고 하품을 하면서 내립니다. 집에까지 가려면 너무 늦을 것 같아 우동을 시킵니다. 큰 식탁에 둘러앉아 단무지도 씹어가면서 굵은 면발을 쪼르륵 빨아들이며 식구들 얼굴 쳐다보면서 먹는 맛도 일품입니다. 엄마가 삶은 감자도 한 봉지 샀습니다. 집에서는 감자를 먹지 않는데 이런 데서는 감자가 맛이 있으니 그것도 신기합니다. 열시나 되어야 집에 도착할 것 같습니다. 가는 동안에 애들 멀미나 안 했으면 좋겠다고 걱정들을 하십니다.

휴게소 마당에 나온 애들 셋이 그림자밟기 놀이를 합니다. 달은 그림자를 선명하게 해주려고 달랑대는 세 아이에게 온힘으로 빛을 발합니다.

차에 오른 석이는 또 달과 마주합니다. 한쪽 눈으로 찡긋하다가 두 눈을 손으로 가렸다가 혀도 쏙 내밀어 약을 올리지만 여전히 환하게 따라옵니다. 조잘

거리던 소리도 잦아들고 머리통을 어른들 가슴에 붙인 채 색색 잠이 들고 뒤이어 운전하는 아빠만 조심운전을 합니다. 할아버지, 할머니, 엄마도 믿는 구석이 있기에 쉬 잠들었다 깨었다 합니다.

시골 작은 농장에 과수 몇 그루 심어놓은 것이 재미가 쏠쏠하기도 하지만, 한편 이렇게 휴일을 다 소진한 채 오고가는 데 피곤이 곱빼기로 쌓입니다. 아들과 며느리를 혹사시키는 것 같아 일을 자꾸 줄여나가는 중입니다. 드디어 신천대로에 닿은 것 같은데 깜박 잠든 사이 벌써 집 앞입니다.

"얘들아, 집에 다 왔다. 내리자."

할머니의 소리에 눈을 번쩍 뜨고 비몽사몽간에 차에서 내립니다. 끝까지 따라온 달이 머리 위에서 내려다봅니다.

"어! 할머니 달이 우리 집까지 따라왔어요. 저기 보세요."

신입생

○○유치원 새싹반 ○○○이라고 씌어진 가슴 반쪽만큼이나 큰 이름표를 달고 다섯 살배기가 유치원을 간다.

“이제 유치원을 가게 되면 간식도 주고 점심도 주는데 혼자서 먹을 수 있지?”

“네.”

“쉬하고 나서 꼭 손을 씻어야 한다. 알았지?”

“네.”

대답 한번 시원하다.

이 녀석 이젠 다 편했다. 지금부터 사회생활을 해야 한다니 가슴이 짠하다. 유치원에 가면 아기로, 아이로 불리던 이름이 없어지고 유치원생이 된다. 며칠을 잘 가려는지? 새로 장만한 넥타이 달린 셔츠에다 몸에 큰 유치원복을 입고 신나게 가는 뒷모습을 보니 제 아비 어린 시절이 엊그제인 듯 눈에 선하다. 녀석들이 태어나면서 자동으로 할머니가 돼 버렸다. 벌써 이렇게 커서 유치원을 간다. 세월 참 빠르다. 빨리 늙지 않는 우리가 도리어 이상하다.

유치원에서 돌아온 녀석 급하다 급해. 고추를 쥐고 쉬쉬 하며 화장실로 직행한다.

"쉬하고 오지 그랬니?"

"쉬 할 때마다 손을 씻으려니 힘들어서 집에까지 참고 왔어요."

화장실에서 소리를 지른다.

“엄마 여기 빨리 좀 와주세요.”

“왜? 또!”

“나 고추 좀 잡고 쉬 시켜주세요.”

“이 녀석 안 하던 짓거리 하네. 네 고추 네가 잡고 쉬해야지. 엄마더러 잡고 해달라니 네가 아기냐. 이제는 유치원생이잖아.”

“그래도 한 번만 해주세요. 고추 잡고 쉬하면 또 손 씻어야 하잖아요. 귀찮아서요.”

엄마는 오줌을 쌀까 봐서 급하게 화장실로 달려가서 시중을 들어준다.

“쏴!” 엄청 많은 양을 누고는 ‘어 시원하다’ 하며 머리를 부르르 떤다.

“엄마 고맙습니다. 내 고추 잡고 쉬시켜 주셔서요. 엄마가 빨리 손 씻으세요.”

하루는 낯선 청바지를 입고 집으로 왔다. 오줌 싼 바지를 담은 비닐봉지가 들어있다. 유치원에는 오줌

싸는 초년생 애들을 위해 항상 바지 여벌을 둔다. 다음 날 아침에 일어난 녀석 자고 나니 옷이 이상하다며 울상이다. 곤히 자느라 오줌을 죄다 싸버려서 윗내복은 물론 이불 한 채가 푹 젖었다. 유치원 다니는 게 힘에 부치고 고된 모양이다. 멋모르고 신나게 아래층에서 소금 얻어갔다. 소금 던지는 할머니를 보며 "그러지 마세요." 라며 계단을 타박타박 단숨에 올라간다. 옷도 갈아입고 소금도 얻어다 준 후 언제 그랬냐는 듯이 아른 아침부터 거실에 충전시켜 둔 장난감 오토바이로 부릉부릉 소란을 피운다. 삐용 삐용, 경찰차 소리도 요란하게, 입으로는 부웅 붕 소리를 내며 질주한다. 그래도 밉지 않다. 소꿉놀이로 보냈던 우리 어렸을 적이나 지금이나 손자들에 대한 내리사랑은 똑같다.

그래도 한 발짝 물러선 자리에서 보는 유년은 티 한 점 없이 바라보기만 해도 참 아름답기만 하다.

22 웃음 씨

'딩동.'

"얘들아! 할머니 왔다. 놀~자."

위층 현관문을 열고 녀석들이 제비 새끼마냥 포개져서 내다보며 반긴다.

"그래, 옷 갈아입을 테니 준비하고 내려와."

한 놈, 한 놈 저마다 각각의 세발자전거 끌고 나선다. 강아지도 끈을 푸니 나가는 줄 알고 좋아 날뛴다.

"큰누나는? 안 와?"

이 녀석은 눈높이가 달라서 이젠 나서지 않는다. 그래 리코더 불고 피아노나 치고 숙제나 해라. 우리는 신나게 놀러가자.

유아용 세발자전거는 이젠 다리가 길어져서 무릎이 자전거 몸체 위로 솟는다. 신호등 앞에 선다. 자전거 탄 두 녀석과 나랑 개까지 일렬종대로 달리기선수들처럼 늘어선다. 파란 신호등이 켜진다. 개는 앞에 내빼고 나는 개 끈에 끌려간다. 10차선 횡단보도를 건너기 위해 어른도, 아이도, 개도 다시 일렬로 섰다. 서로 일등하려고 페달을 당차게 돌린다. 개도 파란불을 보면서 애들에게 뒤질세라 달린다. 건너는 동안 파란 세모 단추가 아래로, 아래로 내려간다.

서늘한 바람이 불어 놀기에 딱이다. 일단 군부대 정문 앞 공터에 본부를 둔다. 보초병을 향해 '충성!' 이마에 거수경례를 붙인다. 군인도 웃으며 따라서 답을 한다. 요구르트를 꺼내 한 개씩 마신다. 놀이에도 변화를 주어야 맛이 난다. 한참을 저들끼리 굴린 후 발발이 목줄 끈에 자전거를 매단다. 그리고 내가 앞장서서 달린다. 이 녀석은 내가 움직이지 않으면 꼼짝 않고 빤히 쳐다만 본다. 집 안에서 내가 주는 밥만 먹고 자라서다.

빨리 뛰어야만 개가 끄는 자전거 놀이의 참맛이 있다. 내가 빨리 달리지 않으면 스피드의 스릴을 느낄 수 없다. 숨이 차지만 큰 원을 그리며 달린다. 개도 신명나게 달리며 기분을 낸다. 바퀴의 구르는 탄력에 개도 무리 없이 끈다. 녀석들은 반 누워서 핸들만 잡고 개가 끄는 자전거의 호사를 누린다.

"하하하하, 호 호호호, 히 히 히히히"

개는 작은 혀를 빼물고 할할거린다. 퇴근길 신호대기에 묶인 버스기사도, 승객들도 좋은 구경거리에 취해 눈들이 쏠린다. 애들 자전거 놀이에 무료하지 않았으리.

애들이랑 놀이에 취하여 삶의 활력소를 얻는다. 제 고모와 아비의 어린 시절을 보는 것 같다. 아직도 회사에서, 학교에서, 업무에 시달리고 있을 내 자식들을 생각한다. 이 녀석들도 금방 성인이 될 터, 그때는 아마 나는 이 지구상에 없을지도 모른다.

"뭐 하세요, 할머니가 빨리 달려야 개가 빨리 달리고 자전거도 씽씽 따라가지요."

"알았어. 이리저리 방향을 바꾸어도 넘어지지 않게

중심 잘 잡아야 해."

새털구름 몇 조각이 넘어가는 석양을 받아 붉다. 내 마음속도 마냥 홍조를 띤다. 참 좋은 계절이다. 파랬던 시절 높아져 가는 가을하늘에 새털구름 가볍게 떠있는 9월의 고향산천이 떠오른다. 호 하 호 하 히 히히 까르륵! 웃음 씨를 주워 가슴 밭에 심는다.

23 눈물을 보이지 말아야

햇병아리들이 입학하면 어김없이 찾아오곤 하는 불청객 꽃샘추위가 제법인 삼월, 여덟시 반까지 등교를 끝낸 초등학교 주변 길이 한산한 아홉시다. 저마다 방한복들을 입고 신주머니를 땅에 질질 끌듯이 키 작은 햇병아리들이 학교 길을 혼자, 더러는 엄마 손 잡고 간다. 담임선생님이 교실 바깥으로 저만치 나와 한 사람 한 사람 반기며 맞이한다. 남학생 한 명이 달려가 폴짝 안긴다.

오늘도 꽤 쌀쌀하다. 학부모들은 교문 안으로 들어

오지 못하게 하니 철대문 밖에서 서성댄다. 키도 작고 얼굴도 작은 여자애가 할머니 손에 이끌려 온다. 할머니는 동생도 업었다. 꼬마는 매일 아침 직장 가는 제 어미와 떨어질 때와 학교에 와서 교실에 들어갈 때 한 차례씩 운다. 일곱 살짜리 우는 손녀를 데려오느라 추운 날씨에도 얼굴이 발갛게 상기되어 있다.

"○○야, 학교에 갈 때 선생님에게 눈물을 보이게 되면 자신감 없는 약한 애로 보이게 되거든. 그러니까 엄마 앞에서는 울더라도 선생님에게 눈물을 보여서는 안 되는 거야 알았지."

엄마와 헤어지고 고개를 끄덕이며 할머니 손에 이끌려 학교까지 오는데 염치없이 또 눈물이 난 것이다. 주먹으로 훔친 눈 주위가 발갛다. 난쟁이처럼 가방과 신주머니가 땅에 닿을 듯 닿을 듯 간신히 선생님 앞으로 다가간다.

"선생님, 혹시나 저 눈물 흘리는 것 보셨어요?"

"아니, ○○의 눈물을 못 봤는데."

"진짜요. 운동장 건너오면서 제가 눈물 흘리는 것 못 보셨어요?"

"못 봤어."

"진짜 못 봤단 말이예요?"

"그렇다니까. 왜?"

"우리 엄마가요, 선생님한테는 절대로 눈물을 보여서는 안 된대요. 눈물을 보이면 자신 없는 약한 어린이로 보여 훌륭한 사람이 될 수 없대요. 절대로 선생님 앞에서는 눈물을 보이지 말랬어요."

"그래. 난 진짜 너의 눈물 안 봤어."

"그럼 됐어요. 안심이다."

그제야 안심을 하고 교문 앞에 서있는 할머니께 손을 흔들고는 조르르 교실 안으로 작은 모습을 감춘다.

24 축하 파티

여름방학 막 끝나고 9월, 2학기가 시작됐다.

화단의 꽃도, 담장가의 나무들도 방학 동안에 훌쩍 자라 있다. 개학하는 날씨가 너무 더워 조회를 끝내고 겨우 한 시간 마치고는 집으로 되돌아왔다.

지난 방학에는 아빠 회사일이 잘 되었는지 캠핑을 몇 차례 갔다. 한번은 강가에서 헤엄치며 송사리도 잡았다. 야영장을 전기시설도 해놓아서 참 편리했다. 계곡에선 울퉁불퉁 바위 뒤에 숨는 숨바꼭질도 참 재미있었다. 다슬기도 잡았다. 바다에 한 번, 시골에도 한 번 무려 다섯 차례나 다녀왔다. 참 신나는 여름방학이었다.

1학기에는 아빠가 회장 뽑는 데 나가지 말라고 해서 언짢았는데 2학기 회장 선거에는 나가도 된다고 해서 당당히 나갔다. 일차에는 다섯 명이 출마해서 두 사람을 뽑았다. 남자 한 명 여자 한 명, 그 두 사람에 내가 뽑혔다. 삼십 명 중에 스물여섯 표를 얻어 당당히 당선됐다.

동생이랑 동네 피아노 집에서 만나 집으로 돌아오는 길이 의기양양하다.

"엄마, 나 오늘 회장 뽑혔어."

"반에서 인기 있나 보구나. 또 한 학기가 힘들고 바쁘게 생겼네."

저녁 때 아래층으로 내려왔다. 할아버지 할머니께 이 사실을 알렸다.

"우와! 우리 보경이 최고다."

할아버지 할머니의 납작한 지갑에서 배춧잎 한 장씩을 받은 녀석, 좋아서 손끝에 들고 풀쩍풀쩍 뛴다. 덩달아 기분이 좋아진 두 동생들에게도 천 원짜리 한 장씩을 들려주었다. 축제 분위기다. 첫째는 피아노를 동동거리고, 둘째는 바이올린을 폼 나게 어깨에 걸치고, 할머니는 하모니카를 분다.

'즐거운 곳에서는 날 오라 하여도, 내 쉴 곳은 작은……'

'참새는 짹짹짹. 강아지 멍멍멍'

엄마 따라 멍 멍 멍 (래 래 미 래 도 도 도) 막내 녀석은 아는 것이라곤 이것밖에 없다. 유치원 노래를 치며 나도 피아노 칠 줄 안다며 으스댄다. 거실 큰 모기장 안에서 포도랑 삶은 옥수수 오물오물 먹으며 축하 파티가 익어간다.

25 헤헤, 생일날이 제삿날

"그 사람이 없어서 많이 슬프시지요."

여섯살배기 막내 녀석이 수인사를 했다.

"그 사람 누구?"

외손자 녀석에게 물었다.

"외할머니 그것도 몰라요? 누군 누구게요? 외할아버지지."

둘째 녀석의 되바라진 소리다. 여섯 살 녀석의 어이없는 수인사에 모녀간에 마주보고 웃는 수밖에.

내 생일날이 바깥사돈 생일과 같은 날이다.

매년 아침은 우리 집에서 생일 밥 해먹고 저녁엔 친정에 가서 사돈의 생일 행사를 했다. 가급적 내 생일날에 맞춰서 출판행사 하려고 서두르며 바빠 못 견디는 교수님을 조르기도 했다. 어차피 출판 행사 날은 12월로 미루어졌다.

그날 내 생일날도 예년대로 며느리는 아침은 우리 집에서 치르고 오후에 친정 다녀온다고 하며 케이크도 사놓았고 애들도 그림엽서를 만들어 선물한다고 설쳐댔다. 오후 일과가 거의 마무리 되어 갈 무렵 다급한 며느리의 목소리가 전화기를 타고 온다.

"어머님, 아직 집에 올 시간 멀었지요. 친정아버지가 갑자기 운명하셨다고 애들 맡길 데가 없어 모두 데리고 가는 중입니다."

이런 변고가 있나. 하필 생일날 돌아가시다니. 예정

대로 그날 출판기념식 했더라면 행사 도중에 난감했으리라.

둘째 녀석이 소리 질러대며 뛰어다닌다.

"헤헤헤, 외할아버지는 생일날이 바로 제삿날 됐네. 맞지요?"

사돈 내외분이 오순도순 지내시다가 갑자기 돌아가시는 바람에 허무하여 안사돈은 출입을 삼가고 있었다. 늘 방 안에 누워만 지내다가 딸이 애들을 데리고 들러서 털고 일어났다. 외손녀의 되바라진 소리에 외롭고 슬프던 심정이 저만치 물러간다.

"네 말이 맞다. 네 외할아버지는 생일날이 제삿날 됐다."

딸도 엄마도 마주보고 웃지 않을 수가 없었다. 외할머니도 녀석의 수인사가 계기가 되어 털고 일어나셨다.

구구단놀이

이일은 이, 이삼은 육, 이사는 팔, 이오는 십, 삼총사들의 낭랑한 소리에 귀가 즐겁다. 노크를 한다. 노래 소리처럼 들리던 구구단 외우는 소리가 뚝 그친다. 할머니가 틀림없다는 느낌에 제각각 숨을 곳을 찾느라 소리를 죽인다.

천천히 들어간다. 철렁철렁 동전소리를 낸다. 쫑긋거리는 까만 머리의 품새가 어디어디서 보인다.

"삼일은 삼, 삼이는 육, 삼삼은 구"

내가 지르는 소리에 숨었던 녀석들이 머리를 치켜 든다. 삼사 십이, 녀석들도 구구단을 외치며 냉장고 옆, 식탁 밑 소파 뒤에서 튀어나온다.

자, 오늘은 700원씩이다.

와아! 녀석들의 입이 함박꽃처럼 벌어진다. 각각이 저금통에 동전을 넣으며 틈새로 들여다보는 눈들이 반짝인다. 일전에는 헌책을 핸드카에 싣고 녀석들이 양쪽에서 밀고 고물상에 가서 팔아 저금통을 배불려 주었다. 녀석들은 지폐보다 동전을 엄청 더 좋아한다. 왜냐면 종이돈은 엄마가 관리를 해주므로 받을 때만 신났지 자기 것이 아니다. 지폐는 모아지는 대로 어린이 서적을 산다는 명목으로 통장에 들어간다. 아직은 돈을 들고 직접 가게에는 갈 줄을 모른다. 어쩌다 집 앞 슈퍼에 갈 양이면 아주 작은 먹을거리만 한 개씩 잡는다.

"언제부터 구구단을 그렇게 잘 외우니?"

"오단까지 배웠는데요. 동생도 나 따라서 해요."

"구구단놀이 할까요."

녀석들이 우우 반긴다. 너무 일찍 앞서간다고 좋은 것도 아니다. 또래들 수준에 맞게 나가는 게 제일 이상적이다. 빙글빙글 투스텝으로 돈다. 2단부터 외우며 자꾸 자꾸 돈다. 리듬을 넣으니 더 재미있다. 갑자기 "오팔은?" 하니까 "사십" 하면서 답을 한다.

까마득한 옛날 구구단 외우던 생각이 불현듯 떠오른다. 못 외우는 아이들은 나머지 공부한다고 집에 보내주지를 않았다. 그때 참담해 하던 꼬마친구들의 표정이 보인다. 큰녀석은 또 회장을 맡아서 전교 반장 회의에도 참석한단다. 내 초등 때 반장총회의 의제는 농번기 때는 '집안일을 잘 도웁시다.' 해가 짧은 가을로 접어들면 '지각을 하지 맙시다.' 또는 '추위를 이기자.' 봄철이면 '청소를 깨끗이 합시다.' 등이 그

달의 학교생활 표제였다. 지금 생각하니 촌스러운데 그때는 참 진지했다.

2학년인 둘째는 부회장으로 나갔다가 동점을 얻었는데, 재투표를 하지 않고 생일이 빠른 친구를 시키는 바람에 떨어져 사기가 저하되어 있다. 이참에 기운을 돋우어 주어야겠기에 궁리를 해본다. 날씨 화창해지면 우리 꼬마 삼총사들과 망우공원 가서 자전거 달리기 대회를 해야겠다.

27 동전으로 생색낸다

애들이 등교하기 전에 볼 요량으로 동전지갑을 열어본다. 500원짜리는 2개뿐이어서 안 되겠다. 아귀맞게 900원을 꺼내들고 2층으로 간다. 큰녀석만 탁자에서 숙제를 마무리하고 있고 작은녀석들은 아직 꿈속이다.

"잠꾸러기들! 지금 8시 다 되어간다. 일어나시오. 꼬끼오, 꼬끼오!"

꿈쩍도 않는다. 이번엔 '우후우—' 어설픈 늑대 소

리를 낸다. 그래도 아니다. 나도 바쁜 시간이고 안 되겠다 싶어 큰누나만 동전 배급 주고 내려가야겠다고 소리치며 절렁절렁 동전소리를 낸다.

녀석이 누에처럼 머리를 천천히 위로 들며 반눈을 뜬다. 뒤미처 작은누나도 부스스 윗몸을 일으킨다. 어제 돌아가신 외할아버지 산소 다녀와서 늦게까지 놀더니 늦잠 잤구나.

"자 차례대로 줄서라. 오늘은 300원씩이다."

각자의 손바닥에 받은 동전을 돼지에게 먹이고 장부를 꺼내어 비뚤비뚤하게 칸에 맞춰 기록을 한다.

'4월/24일 할머니－300원'이라고 쓴다. 기록장 페이지의 반을 넘었다.

그냥 저금통에 넣고 무게로만 느끼는가 싶더니 이렇게 기록을 하는구나. 신통방통하여 등 뒤에서 들여다본다. 심지어는 200원도 있다. 부끄럽다가 부끄럽지 않다고 생각을 바꾼다. 어떤 친구는 손자들에게

만 원 아니면 안 준다고들 자랑을 하는 이도 있던데, 그는 그고 나는 나다. 아직 어리고 애들에게 단위만 높인다고 좋은 것도 아니다. 내 호주머니 아낄 생각을 정당화시킨다. 가계부를 쓰지 않는 요즘의 내가 찔끔하다.

할아버지는 월 수 금을 정하여 지폐를 주는데 어떤 때는 바빠서 2층까지 못 가고 1층 신발장 한 칸을 돈 창고로 정하여 넣어둔다. 더러 잊어버리고 한참 후에 보면 돈 창고라고 할 만큼 수북하다. 애들은 지폐에는 관심을 크게 두지 않는다. 엄마가 관리해서 읽을 거리 책을 구입하기 때문이다.

반면에 동전은 만지고 눈으로 들여다볼 수가 있고 무게로도 가늠이 되니까 선호도가 훨씬 높다. 동전 주러 올 때마다 손가락으로 튕겨서 동전 따먹기 놀이를 해주기 때문에 나를 훨씬 더 좋아한다. 남편은 어쩌면 당신은 애들한테 인기가 그렇게 많으냐며 샘을 낸다. 시장에서 거스름돈은 무겁거나 말거나 100원짜리 동전으로 받는다. 모이가 많아진다. 할머니의 사랑 모이 먹고 우리 노란 병아리들 큰 닭 되어 활개 훨훨 칠 날을 그려본다.

28 큰누나야! 작은누나야!

"큰누나야! 작은누나야! 거기 서. 같이 가자."

운동회도 다 치른 10월 초등학교 운동장에 손자 세 명과 강아지까지 총출동했다. 운동회 때 반에서 달리기 선수로 나간 것이 자랑인 손녀 둘은 한 명이 뛰면 질세라 따라서 뛴다.

등나무 그늘 평상에 연세든 어르신 서너 명이 보인다.

“아이구나, 애들 저 소리 좀 들어봐요. 큰누나야, 작은누나야 부르는 소리 얼마 만에 들어보는 소리고 어이. 참 듣기 좋다. 우리 클 때는 큰오빠 작은오빠, 큰언니 작은언니 하면서 먹을 것 입을 것, 변변찮았지만 배만 부르면 한 덩어리가 돼서 바글바글 뛰어놀았지. 그 때가 좋은 시절이었지.”

연신 아이들 뜀박질하는 데로 눈이 따라다닌다.

“지금은 먹을 것, 입을 것 암만 흔해도 먹일 애가 달랑 하나뿐이니 반은 버려져요. 잘 먹지를 안 해요. 아들 며느리보고 혼자는 외롭다고 두셋은 두어야 한다고 노래를 불러요. 언니 누나 오빠 동생이 있어봐야 세상 구별을 아는데. 앞으로 머지않아 이모니 고모, 큰아버지 작은아버지라는 말은 무슨 말인지 모를 날이 올 거요. 우리 애가 크면 혼자 외로워서 어쩔란가. 세상이 앞으로 어떻게 될지 원. 애들 두어 명 잘 키워 놓는 게 돈 버는 거지. 맨 날

돈만 번다고 아침밥도 제대로 못 먹고 허둥지둥 직장에 가느라 늙은이 말에 관심도 없고 잔소리로만 듣지."

같이 들어주는 어른들이 있으니 봇물처럼 내뱉는다. 옆의 할머니가 맞장구를 친다.

"그뿐이면 다행이게. 우리 손자는 서른다섯인데 여자 친구를 소개 받았는데 만나자마자 한다는 말이 무슨 차를 타고 다니느냐, 월급을 얼마 받느냐, 아파트는 몇 평에 사느냐, 그러더래요. 자존심이 상해서 나와 버렸대요 글쎄. 젊은 여자들이 턱도 아닌 눈만 높아서요. 요새는 혼자 사는 나이 많은 총각도 처녀도 많다 하대요. 세상 참."

저들끼리 큰누나야 작은누나야 부르며 히히 호호 하는 소리가 듣기 좋다. 내 어릴 적 달랑 하나 있던 남동생 잃고 누나야 할 사람이 없어서 부러웠고, 지금도 누가 나를 보고 누부야, 누나야 소리를 하면 기분이 좋아진다. 돌아오는 길은 뛰지 않고 걸어온다. 손자 녀석과 두 손녀, 나랑 개를 앞세운 일렬횡대의 그림자가 인도에 길게 누워 따라온다.

29 두 손 권총

녀석의 하는 짓이 어째 수상하다.

여느 때 같으면 누구보다 먼저 뛰어나와 손을 내밀 텐데.

두 누나는 얼른 받아서 종이돈 천원하고 오백원 동전을 각각의 새 돼지에게 먹이는데

"야, 민돌이(민석) 너는 안 받을 거니?"

마지못해 손가락질로 제 엄마를 가리킨다.

"어머, 쟤 왜 저러니?"

그럴 일이 좀 있단다. 그저께 저금통 돼지를 잡았다. 13만 8천 원이 나왔다. 우체국에 가서 지폐로 바꾸었다. 며칠만 가지고 있어 보라고, 그런 후에 시간 내어 어린이 문집을 사주겠다고 하니, 환호를 지르며 며칠간이라도 자기네들 작은 지갑 안에 보관하고 들여다보며 좋아라 했다.

방학이고 엄마도 자격증 취득한다고 수업 나가고 녀석들 셋이서 부자마냥 들여다보며 세어 보기도 하고 좋아했다. 누나들은 초등학교 정문 앞에 있는 학원을 갔다. 아직 올 시간은 좀 남았다. 같이 놀아줄 할머니도 볼일이 있어 바쁘다면서 곧 누나가 올 테니 집 잘 보고 TV 어린이방송을 보라고 일렀다.

할머니, 심심해서 나도 누나들 마중갈래요. 횡단보도를 같이 건너고 바이 바이를 했다.

학교 앞 문방구와 장난감 가게를 기웃거린다. 가지고 싶은 것들이 너무 많다. 맨 앞줄의 천 원짜리부터 커다란 포장 속에 들어있는 조립하는 장난감이 탐이 난다. 저것은 얼마예요, 이것은 얼마예요? 눈을 굴린다.

무작정 집으로 뛰어와 지갑에서 닥치는 대로 배춧잎 다섯 장을 호주머니에 꾸겨 넣고 한달음에 장난감 가게 앞에 섰다. 여태 돈으로 물건을 사보기는 여름철 아이스크림 한 개 아니면 천 원짜리 얼음과자 두어 번 사본 게 고작이다. 얼굴은 상기되어 벌겋다. 눈은 더 좋고 더 호기심이 가는 장난감을 살피느라 정신이 없다.

"민석아, 너 여기서 뭘 하니?"

옆 건물 2층 미술학원에서 나오는 누나가 보고 불렀다.

"응 저기 저……."

"저기 뭐."

상기된 눈을 따라 가리키는 곳에 포장이 화려한 5

만 원 하는 조립식 장난감이 보인다. 호주머니를 뒤지니 구겨진 배춧잎 지폐가 들어있다.

누나 손에 끌려 뒤돌아보며 가게를 나왔다.

'이 녀석 오늘부터 할아버지 할머니가 주시는 동전이나 종이돈 엄마가 관리한다.'

사는 게 통 재미가 없다. 할머니가 주는 모이 동전도 할아버지가 주는 종이돈도 관심이 없고 시들하다. 맨 일등으로 달려나와 두 손을 모아 서서 '고맙습니다.' 할 의욕도 없어졌다. 모든 모이가 차압당하는 마당이니 내 몫은 저리 주라고 엄마 궁둥이를 향해 두 손 권총을 겨눈다.

나의 꿈 : 경찰관

30 눈치, 염치

콩닥 콩닥, 우르르, 우당탕, 우당탕…….

위층에서 뛰어다니던 여섯 개의 발자국 소리가 들리지 않는다. 갑자기 뭘 하기에 이렇게 조용할까. 잠 잘 시간도 아닌데. 저녁도 조금 전에 먹고 났고 요놈들이 아빠가 사온 맛 나는 것 자기들끼리 먹는가 보구나? 조금 전 아들이 퇴근하여 "다녀왔습니다." 인사하고 올라간 지 얼마 안 된다. 제 아비한테 서로 매달리려고 한껏 더 설치고 더 우당탕거릴 애들이다. 한 놈은 어깨에, 두 놈은 양팔에 매달려 뱅뱅이를 돌리고 더 야단법석일 텐데.

살금살금 위층 계단을 올라가는데 낌새가 이상하다. 신발을 벗고 들어가려다 말고 그물망으로 들여다본다. 애들은 모두 자기들 방에 들어가 한 놈은 컴퓨터에, 그 옆에 또 한 놈은 붙어서 같이 모니터를 본다. 글도 아직 못 읽으면서 동화책을 들고 그림만 보고 있는 다섯 살 난 막내 녀석. 세 놈이 자기 방에 들어가 자기 할 일들을 하면서도 연신 거실에 눈길을 주며 아빠 엄마의 눈치를 살피는 데 주력한다. 눈치로 아빠와 엄마의 승패를 셈하고 있는 모양이다.

그저께 회사 월말 업무 마감하는 날 아들은 회식하면서 직원들 애로사항이며 불만사항들을 다 들어주고 달래주느라 곤죽이 되어 들어왔다. 날씨가 더워서 거실에 대형 모기장 치고 자다가 발소리에 벌떡 일어나 귀 기울인 적이 있다.

"왜 늦으면 늦는다고 전화를 안 했느냐."

"응당 늦는 줄 알아야지. 나도 무척 힘들었다."

"그런 게 어디 있어. 집에 애들하고 종일 복작거리는 나는 뭣이고? 수상하다. 왜 전화는 안 받느냐. 배터리가 어째, 거짓말 마아, 이래봬도 척하면 삼척이다. 와이샤스에 묻은 거 보면 모르나. 변명하지 마라. 입이 광주리 구멍보다 많다 해도 변명을 못 할 거다."

며느리가 제 혼자서 일사천리로 속사포처럼 쏘아댄다.

그날 저녁의 싸움거리를 오늘 하려고 단단히 벼른 모양이다. 슬금슬금 아래층으로 도로 내려왔다. 작년까지 만 해도 이렇게 되면 한 놈 두 놈 슬슬 할머니한테로 내려와서 경쟁하듯 중간보고를 했다. 엄마 아빠가 지금 싸우고 있는데 아빠가 이겼다느니, 엄마가 져서 지금 울고 있다느니, 아빠는 지금 기타 손질하고 있어요, 하면서 말이다. 중간보도를 해주러 다람쥐처럼 오르락내리락 했었는데 한 해 더 크더니 이젠 눈치 염치가 생겨버렸다. 검찰에 소환된 작자들처럼 모른다로 일관한다. 영 재미가 없다.

"어제 저녁 엄마가 이겼나, 아빠가 이겼나?"

"몰라요."

"무슨 일로 싸우더냐."

"몰라요."

"엄마가 좋으냐. 아빠가 좋으냐."

"몰라요."

이 녀석들이 벌써 눈치 염치가 들어버렸네.

세상일은 태곳적부터 모두 눈치 염치가 확장되어서 이루어지는 것이 아닐까. 개인도, 사회도, 정치도, 경제도, 문화도, 나라님도 국민의 눈치껏 재량껏 소신껏 일하고 국회도 염치를 알아서 국민이 편안하도록 국정을 이끌고 나가면 좀 좋을까. 동요 노랫말처럼 '새 나라의 어린이는 서로서로 돕습니다. 욕심쟁이 없는 나라 우리나라 좋은 나라' 정말 살기 좋은 우리나라가 될 텐데. 전 세계가 저마다 살아남기 위해 눈치 염치가 없어진다. 다섯 살배기도 염치가 생기는데 눈치 염치 없는 위정자들 때문에 내가 사는 나라가 편안하지 못하다.

아빠! 아빠! 우루룩, 우당탕, 쿵쿵쾅. 호호호 꽥꽥꽥 소리 질러대는 걸 보니 싸움은 무승부로 일찍 끝난 모양새다.

가까스로 2부가 시작되었나 보다. 제 어미는 안방에 불 끄고 자는 척 누웠을 테고 애비는 낮 동안 놀아주지 못한 몫 하느라고 어깨에 올라타고 가슴에 안기고 진땀 빼는 모양이다.

남의 식구가 산다면 층간 소음으로 거슬리겠지만 내 새끼 녀석들이 쿵쿵 뛰어다니고 내지르는 소리는 즐거운 멜로디다.

전쟁 종료하기 위해 아마도 내일은 틀림없이 외식으로 이어질 테고 어디 가서 맛있는 것 얻어먹을 꿍수나 대야겠다.

31 돈 창고도 있다

"우리 집에는 돈 창고도 있다."

"정말?"

"응."

"얘들아, 민석이 집에는 돈 창고도 있단다. 좋겠다. 그지?"

"창고에 돈이 많이 들어 있겠네."

"응 어떤 때는 굉장히 많아. 우리는 2층에 살고, 할아버지 할머니는 1층에 사는데 1층 붙박이 신발장에 서랍이 있어, 거기 서랍 위에서 세 번째 칸이 돈 창고야."

초등학교 갓 입학한 머슴애들 몇이 방과 후에 운동장 모퉁이에서 놀면서 각자가 자랑을 하는데 석이도 질세라 돈 창고가 있다고 목을 세운다.

할아버지는 손자만 보면 입이 함지박이가 된다.

"얘들아 내려오너라. 할머니도 동전 지갑이 꽉 찼다."

이층 문 열리는 소리가 들리나 싶더니 득달한다. 큰 녀석이 방석 위에 동전지갑을 쏟는다. 오백원 동전이 얼마나 되는지, 눈알이 꽂힌다. 세 사람 몫으로 십 원짜리 작은 동전까지 나누고 헤아린다. 초등학교에 들어가도 역시 동전을 좋아하는구나. 특히 오백원 동전을.

여행을 좀 다녀오느라 월, 수, 금요일을 한꺼번에 쳐서 세 몫으로 넣어 두었는데 가져가지 않아서 창고가 가득 찼다. 월, 수, 금요일 아침마다 지폐 천원 모이를 받기 위해 "학교 다녀오겠습니다." 현관에서 외치는 목소리가 한층 더 밝고 크다. 혹시나 할아버지가 요일을 놓칠까 봐서다. 잔돈이 없을 때는 내 주머니에서도 나간다. 밥을 먹다가도, 세수하다가도 낭랑한 소리가 듣기 좋아 둘 다 현관으로 인사 받으러 나간다. 인사는 하는 것도 중요하지만 잘 받는 것도 그 못지않다. 어떤 때는 대문 밖으로 꽁지 빠지게 달아나는 등 뒤의 가방만 보며 미소로 답한다. 핑크 원피스가 어울린다. 조끼가 참 따뜻해 보인다. 일등으로 내려왔네. 새 신발을 샀구나. 노랑국화 한 송이 꺾어줄까 선생님 드릴래?

그저께는 세 녀석이 한꺼번에 각각 상장 이름도 다르게 들고 우르르 내려왔다. 기행문 쓰기, 포스터 부문, 시화 부문 등등, 할아버지가 상으로 주는 배춧잎을 들고는 말춤도 추고 기발한 춤을 한바탕 추고 갔다. '이게 사는 재미다'라는 남편이 오늘따라 영락없는 노인네로 보인다. 그래도 나는 아직 노인네는 아니라고 그냥 할머니라고 속으로 뇐다.

32 저 너무 슬퍼요

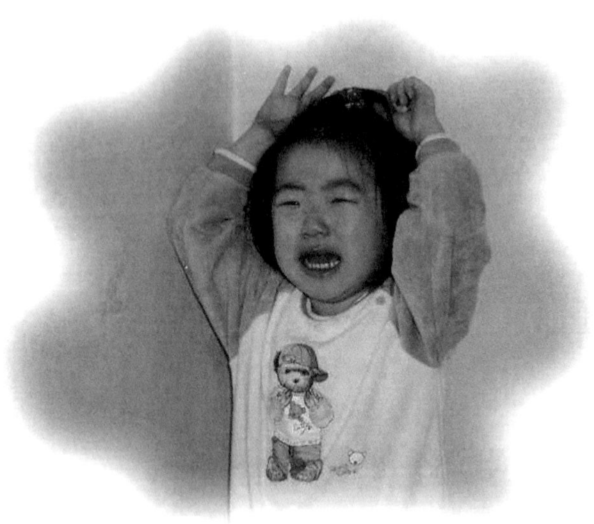

"이 계집애! 동생도 오줌 안 싸는데 언니가 오줌을 싸. 이 이불과 요 좀 봐라. 다 버렸잖아. 또 쌀 거야, 안 쌀 거야, 대답해 어서."

"다시는 안 싸겠습니다. 조심하겠습니다."

염치가 좀 든 네 살이다. 꿈에 어린이집 친구랑 놀이를 했고 화장실이 급했고 볼일을 봤는데 아침에 일어나니 온몸이 축축하다. 자리에서 뭉그적거린다.

두 번째다. 자신이 서지 않는다. 엄마는 이불을 세탁기 안에 집어던졌다. 물 받는 소리가 철철 들린다. 젖은 옷은 갈아입고 1층 할머니한테서 소금도 얻어왔다. 등 뒤에다 뿌리는 소금비도 맞았다. 두 손을 머리 위로 들고 구석에서 벌을 서고 있다. 무안하고 서러워서 절로 울음이 나온다. 응 응 응 하던 것이 흥 흥 흥으로 바꾸어졌다. 걷잡을 수 없이 눈물이 펑펑 솟는다. 콧물까지 나와서 범벅이 된 채 줄기차게 흐른다. 모든 현상이 슬프고 비참하다. 세수한 것보다

컷 · 신은순

더 질퍽한 얼굴을 두 손을 들고 있으니 화장지를 집어 닦을 겨를도 없다.

동생은 구경이라도 생긴 듯 건너 뛰어다닌다. 걱정이 되는지 힐끔힐끔 엄마와 나를 번갈아 본다. 창피하다. 그럴수록 울음소리만 더 슬프게 나온다. 도무지 감당이 안 된다.

"이 계집애, 뭐 잘했다고. 뚝 그쳐, 뚝."

거꾸로 쥔 빗자루로 엄마는 연신 으른다.

이때 아빠라도 있으면 달래 줄 텐데. 출장 중이다.

내일 일요일이고 아빠도 안 계시고 해서 밤늦도록 과자도 먹고 음료수도 마시고 게임도 하고 TV도 보고 그러고는 잠이 들었다. 그런데 언제 오줌을 쌌는지 도무지 알 수가 없다. 그래서 더 슬퍼요. 너무 너무 슬퍼요.

32 새끼 & 어미

"새끼야! 내가 먼저야, 이리 내 놔."

"아니야, 유치원에서 돌아올 때 내가 막 뛰어서 대문 안에 먼저 들어왔단 말이야. 물 조리를 내가 먼저 잡았잖아."

"그래도 내가 먼저 해야 해. 왜냐면, 내가 누나니까."

석이는 작은 물조리개를 누나에게 주지 않고 꼭 잡은 채 자기 나무에만 물을 주느라 여념이 없습니다.

"빨리 내 놔. 이리 못 내 놔, 차례를 지켜야지. 할머니도 우리한테 동전 배급줄 때마다 큰누나, 작은누나 그리고 민석이 하면서 차례로 주는 것 모르겠니?"

"그거는 그거고, 오늘은 내가 먼저 물 조리를 잡았단 말이야. 먼저 잡으면 먼저 해야 맞지."

좀처럼 시시비비가 가려지지 않습니다.

조가비만 한 물조리개의 물이 서로 당기고 미느라 엎질러져서 옷이 젖었습니다.

누나로부터 한 번 쥐어 박히고 나서 기분이 상한 석이는 삐이 어설픈 울음소리를 내며 상한 속을 달랩니다.

며칠 전 할머니가 경산 묘목시장에서 버찌나무 두 그루를 사왔습니다. 얼마간의 사이를 두고 막대기로 흔들리지 않게 부목도 매었습니다. 3년 지나면 버찌나무에서 꽃이 피고 또 맛있는 열매가 오롱조롱 열릴

컷 · 신은순

거라면서 나무에 <송인경나무>, <송민석나무>라고 이름표를 달아 주었습니다. 이렇게 매달아 놓고 나니 마음이 쓰입니다. 물을 주지 않으면 곧 말라 버릴 것도 같아 유치원 가서도 빨리 집에 가서 물을 주어야 된다고 작정하며 유치원 파하기가 바쁘게 물 줄 생각에 누나보다 앞질러 막 뛰어와서 자기 나무에 물을 주려고 한 것입니다.

연분홍 꽃이 한창 핀 살구나무 가지 위에 직박구리 두 마리가 삐삐 소리 질러가며 살구꽃 술을 따먹느라 분주합니다. 나무 밑에서는 비둘기 두 마리도 앉아서 주방에서 버린 밥풀떼기를 주워 먹느라 머리를 까딱까딱거리며 구구구 저들끼리 대화를 나눕니다.

끝을 가위로 싹둑 잘린 외줄기 묘목 두 그루에서 서너 개의 파란 움이 눈을 배시시 뜨고 부드러운 햇살을 받으며 오누이의 싸움질을 가만히 지켜봅니다.

"작은누나야, 할 말이 있어."

"뭔데, 빨리 말해 봐."

"내가 새끼면 작은누나는 어미냐고?"

"뭐?"

작은누나는 동생 석이의 말에 대답을 못 하고 동그란 눈을 더 크게 뜨고 동생을 째려만 봅니다.

33 English King 송민석

유치원에서 오는 손자 녀석이 은박지에 '○○유치원 English King'이라 써 붙여 만든 왕관을 쓰고 있다.

"어, 이 녀석 이게 뭐야, 너희 유치원에서 뭐 했니?"

"영어 대회요. 한국을 영어로 말하라기에 코리아라고 했어요, 할머니가 오 필승코리아, 오 필승코리아 했잖아요. 근데요 쓸 줄은 몰라서요. KO까지는 알겠는데 그 다음은 몰라서 선생님이 써 주었어요. 어머 이 녀석 발음기호까지! 그래도 내가 영어

왕 됐어요. QUEEN에 김 아무개가 됐어요."

"어머 얘 봐라."

그 여자애는 영어 학원에 다니며 과외를 해서 잘한다지만 아직 영어의 A B C D 알파벳만 몇 아는데 조합해서 알다니 기가 막힌다. 머리에는 은박지로 만든 왕관을 쓰고 가방 메고 씩씩하게 걸어오더니 거추장스러워 벗어 던진다.

나는 한자 공부가 재미있어요. 달月, 불火, 물水, 나무木, 쇠金, 흙土, 날日을 줄줄 읽어댄다. 어머! 할머니보다 한문을 더 잘 아네.

34 우리 할머니는 수필작가예요

친구 아빠는 군인이다. 겨울방학이 되어 부대 내에 있는 친구 집에 놀러갔다. 입구의 양쪽에 경비병이 철모를 쓰고 어깨에서부터 하얀 줄로 엮어서 주렁주렁 늘어뜨린 옷을 입고 발목이 긴 구두를 신고 거수경례를 올릴 때부터 약간 주눅이 들어있던 참이다. 거실에는 번쩍거리는 견장이 붙은 군복이 걸려있다. 처음 보는 군복이라 자꾸 쳐다보며 두 번째로 주눅이 든다.

이것저것 맛있는 과자도 먹고 딸기우유도 마시고 주택인 우리 집보다 아파트가 더 좋아 보여서 어딘지 모르게 불안 비슷한 것이 기분을 잡친다. 이런 기분에서 어서 벗어나야 한다는 생각이 드는데 당최 생각이 떠오르지 않는다. 무엇으로 이런 기분을 벗어나 하는데……

맞다. 그걸 이야기 하자. 친구랑 장난감놀이를 하다가 주방에서 일하는 바쁜 친구엄마 곁으로 다가갔다.

"저기요, 우리 할머니는 작가예요."

"무슨 작가? 소설을 쓰느냐?"

"아니에요, 소설 그거는 아닌 것 같고요. 수 뭐라던데."

"아, 수필? 수필작가시냐?"

"네, 맞아요. 아마도 그거인가 봐요."

"오, 그래. 너네 할머니 대단한 분이시네. 수필가이시고."

"책도 한 권 써냈어요. 우리는 그때 출판기념식 하는 날 언니랑 동생이랑 셋이서 춤도 추었어요."

"다음에 놀러올 때 책 한 권 가져와 보여 줄래?"

이런 으쓱한 기분은 처음 느껴본다.

기분을 만회한 녀석, 그제야 가슴을 확 펴고 친구 아빠가 퇴근해 올 때까지 신나게 놀았다.

"인경이 할머니가 수필작가래요."

"오, 그래 너네 할머니 훌륭하시구나."

"네, 좀 그래요."

35 염치

<5살 이상 어린이는 성이 다른 공중목욕탕엔 갈 수 없다.>

탕 앞 입구에 커다랗게 붙어있다.

아빠와 엄마가 각 한명씩을 데리고 갈 작정이다. 그런데 6살짜리 석이가 한사코 아빠 따라가기를 거부하고 엄마랑 같이 간다고 떼를 쓴다. 누누이 설명해도 막무가내다. 남자 이발에다 두상도 크다. 다 큰 남자 어린아이로 보인다. 아직 만 다섯 살이라고 최

면을 건다. 눈치가 생기고 글자를 읽을 줄 아는지라 고추를 손으로 가렸다. 무릎을 약간 구부려 키를 줄였다. 빨리 탕 안에 들어가야 한다. 다른 사람들이 보지 못하게.

결국 탄로가 났다. 남자 어린이가 여탕에 들어가서는 안 되는데 왔다고 수군거린다. 엄마도 홍당무가 된다. 하는 둥 마는 둥 눈치 서러워 목욕탕을 나오고 말았다.

발문

포스트 노마드를 보여주는 가족사랑

김외남 수필집 『엄마놀이』에 부쳐

장호병 | 수필가, 계간 문장 주간

도라지 김외남 수필가가 『회상의 메아리』에 이어 제2수필집 『엄마놀이』를 상재한다. 작가가 손자 손녀들과 생활하면서 얻은, 동수필이라 해도 좋을 만한 동심으로 가득 채웠다. 굳이 동수필이라 구분할 필요는 없지만 동시나 동화에서 원리를 차용한다면 어린이를 위한, 어린이를 소재로 한, 어린이의 눈높이에서, 동심으로 세상을 읽고 해석한 산문작품으로 보면 될 것이다. 물론 독자를 굳이 어린이로 한정하는 것이 아니라 어린이와 어른이 함께 읽어야 제 맛이리라.

문학작품 속에는 동시대를 살아가는 사람들의 삶의

방식이 투영되어 있다. 또 작품이 추구하는 가치가 생활에 영향을 준다는 가설에 이의를 제기하기는 어렵다. 경기가 좋지 않아 삶이 팍팍하다고들 말하지만 우리는 단군 이래로 가장 풍요로운 삶을 구가하고 있다. 물질적 풍요에도 불구하고 우리의 삶은 이전보다 만족스러울 정도로 향상되었는지 의문이 든다.

내 삶 전부와 바꾸어도 아깝지 않을 나의 분신이 손자 손녀를 생산하였다. 두벌자식인 손자 손녀에게는 하늘의 별이라도 따줄 수 있는 경제적 여유도 갖추었건만 얼굴 한 번 보기조차 어려워 가슴 태우는 노년이 있다. 다른 한 편으로는 일에서, 부모 공양에서 간신히 해방된 늘그막에 손자 손녀의 양육이란 큰 부담 앞에서 안절부절못하는 노년도 있다. 한쪽은 함께하지 못해, 다른 한쪽은 벗어나지 못해 애를 태운다.

떨어져 살던 손자녀들이 오면 반갑고 돌아가면 더 반갑다는 말이나, 손자손녀를 떠맡지 않으려는 비책이 노년들 사이에서 회자되는 것을 보면, 아이 보느니 콩밭 메겠다는 선인들의 말이 빈말이 아님을 안다. 손자녀와

놀아주는 보람이 결코 공이 아니라, 대가를 치러야 얻어진다는 말일 것이다.

갑자기 바깥 볼일 몇 가지로 뛰어다닌 피곤이 몰리면서 잠이 사물댄다. 놀이마당에서 할머니가 누우면 반칙이다. 그것은 내가 정한 규칙이다. 누우려면 핑계를 만들어야 한다. '우리 병원놀이 하자.' 말이 떨어지기 무섭게 나를 자리에 눕히고 이불을 덮고 셋이서 달려들어 가슴을 걷어 올리고 청진기를 이리저리 옮기며 꾹꾹 누른다. 눈도 까집어 보고 혀도 내어 보란다. 응애응애 소리만 내면 갑자기 나는 아기로 바뀐다. 손길이 훨씬 더 부드럽고 친절해진다. 잠시지만 편안해진다.

—「일상 속의 예절」 부분

작가는 칠순을 바라보는 나이지만 시니어클럽에 나가 사회봉사도 하고 손자녀들을 위한 용돈을 손수 마련한다. 또 사진촬영을 위해 바깥나들이도 간혹 한다. 이처럼 행동반경이 넓고 보면 아이들과 놀아주는 일이 때로는 힘에 부칠 수도 있을 것이다. 궁즉통이라던가. 아이들과 정한 규칙을 어기지 않으면서도 잠시의 휴식을 취하는 지혜를 발휘한다. 나이가 가져다 준 선물이다.

"헤헤헤, 외할아버지는 생일날이 바로 제삿날 됐네. 맞지요?"

사돈 내외분이 오순도순 지내시다가 갑자기 돌아가시는 바람에 허무하여 안사돈은 출입을 삼가고 있었다. 늘 방 안에 누워만 지내다가 딸이 애들을 데리고 들러서 털고 일어났다. 외손녀의 되바라진 소리에 외롭고 슬프던 심정이 저만치 물러갔다.

"네 말이 맞다. 네 외할아버지는 생일날이 제삿날 됐다."

딸도 엄마도 마주보고 웃지 않을 수가 없었다. 외할머니도 녀석의 수인사가 계기가 되어 털고 일어나셨다.

— 「헤헤, 생일날이 제삿날」 끝부분

많은 사람들이 '그래서'라는 합리성에 초점을 맞추고 살아간다. 하지만 희로애락은 '그래서'에 있는 것이 아니라 '그럼에도'에 달려 있다. 아이가 내뱉는 철없는 한 마디 말에서 위안을 얻기도 하는 것이 삶이다. 어른이 어린 아이에게서 배우게 되는 위안과 지혜는 나이가 가르쳐줄 수 없는 또다른 보람일 것이다.

애들 자라는 모습은 눈이 부신다. 배밀이 하는가 싶더니 어느새 슬슬 기어 다니고, 붙잡고 일어서더니 걸음마하고, 첫돌 닥치면 제 세상 만난 듯 마구잡이로 돌아다닌다. 참으로 신통방통하다.

—「뚱뚱한 갈치고기 좀」 부분

수십 년 전에 비한다면 아이들은 과체중이요 조부모는 이미 봉양을 받아야 할 나이이다. 그럼에도 아이들 자라는 것은 잠깐사이다. 이 책을 읽다보면 피하는 것보다 기꺼이 받아들이는 것이 낫다는 생각이 들 것이다.

현대산업사회는 핵가족 사회를 촉진하였고, 교통 통신의 발달에 힘입은 글로벌 환경은 급속도로 일인가구의 등장과 가족제도의 해체를 부추기고 있다.

시대가 아무리 변하여도 사람이 사람답게 살아가는 데는 혈연이 중심이 된 가족이라는 울타리만한 것이 없다. 오늘의 산업사회 특징 중 하나로 맞벌이를 들 수 있다. 유목이나 농경 사회에서라고 하여 여성이 산업적 역할을 수행하지 않은 것은 아니다. 여성이 감당해야할 노동강도나 차별의 면에서 본다면 오늘날보다 훨씬 열악하였다. 그럼에도 불구하고 건강한 가족제도를 유지할 수 있었던 것은 어머니와 할머니 들의 공이었다.

현대산업사회가 피하지 못하는 온갖 인간 소외와 불안, 상호간 불통 등 제반 사회적 문제는 건강하지 못한 가족제도에서 기인하는 게 자명하다.

직장 따라 옮겨 다니며 살아야 하는 현대를 또 하나의 노마드 사회로 일컫고 있다. 김외남 작가의 『엄마놀이』란 작품을 보면서 현대사회를 치유할 수 있는 것은 오로지 가족뿐이라는 생각을 지울 수 없다. 그 점에서 이 책은 현재의 노마드 사회 이후에 도래할 따뜻한 피가 감도는 3대 또는 4대의 가족사회를 위한 예견서라 해도 좋을 것이다.

할머니가 쓰는 육아일기라 할 수 있는 이 책에는 순진무구한 동심과 기지, 미소짓게 하는 인간애가 잘 녹아있어 독서계에 새바람을 일으킬 것으로 기대한다.

수필집 상재를 마음모아 축하드린다.